文尧——著

千古人物
风流平阳

山西出版传媒集团
山西人民出版社

图书在版编目（CIP）数据

千古人物风流平阳 / 文尧著. — 太原：山西人民
出版社，2024.4
　　ISBN　978-7-203-13364-3

　　Ⅰ. ①千… Ⅱ. ①文… Ⅲ. ①历史人物—列传—平阳
县 Ⅳ. ① K820.855.4

中国国家版本馆 CIP 数据核字（2024）第 086605 号

千古人物风流平阳

著　　者：	文　尧
责任编辑：	孙　茜
复　　审：	贾　娟
终　　审：	梁晋华
装帧设计：	罗佳丽

出　版　者：山西出版传媒集团·山西人民出版社
地　　　址：太原市建设南路21号
邮　　　编：030012
发行营销：0351 - 4922220　4955996　4956039　4922127（传真）
天猫官网：https://sxrmcbs.tmall.com　　电话：0351 - 4922159
E - mail：sxskcb@163.com　发行部
　　　　　sxskcb@126.com　总编室
网　　　址：www.sxskcb.com

经 销 者：山西出版传媒集团·山西人民出版社
承 印 厂：济南精致印务有限公司

开　　本：880mm×1240mm　　1/32
印　　张：8.125
字　　数：220千字
版　　次：2025年1月　第1版
印　　次：2025年1月　第1次印刷
书　　号：ISBN 978-7-203-13364-3
定　　价：68.00元

如有印装质量问题请与本社联系调换

文尧与尧文化

杨玉龙

著名女作家李继红拿来一本样书请我作序，书名是《千古人物风流平阳》。我正感叹继红这么高产又出新书了呢，她却解释说这书是儿子的处女之作，顿使我充满意外和惊喜。

打开封面，浏览了书目，又翻阅一两页，一股清新的气息扑面而来。书中荟萃了八十七位临汾历史文化人物的故事。其文字既有继红作品的细腻，又有时代青年的活泼生气，令人耳目一新。

继红是一位理工科出身的业余作家，多年来一直专注于国学领域，笔耕不辍。所著从列女传的人生百相写到诗经楚辞的花草百色，题材角度总是与众不同。每出一本书总会给读者带来新意。在这样优秀的母亲身边和书香弥漫的环境里长大，她的儿子自然是耳濡目染，随母所爱。遗传学告知我们，人的形象父大于母，智慧母大于父。继红将智慧遗传给她的儿子，自然是有其母必有其子了。

继红的儿子叫文尧，竟与陶寺遗址出土的朱文扁壶上的那两个字完全相同。1987年文尧出生，那时陶寺朱文扁壶虽出土不久，但陶片上那两个文字形象专家们还众说纷纭，没有定论。直到本世纪初才被一些专家破译出"文""尧"二字。老人为孩子的起名与最早的文字吻合完全是一种巧合，然而这名字却寄托了长辈们的一种期望，同时在文尧幼小的心灵里种下了一粒尧文化的种子。

文尧与其同时代的青年一样，求学期间向往着发达国家的环境。

通过努力他远渡东洋，考入日本一所三百年老校进修经济学。在异国他乡，他真正意识到自己的身体里流淌着尧文化的血脉。四年后他本可留在日本工作，但他认为此生的使命不应在这里，于是毅然回到故乡。

文尧加入了尧都一家文化公司，而这家公司此时正为市区靓城提质工程做文化策划。做好这一策划，需对临汾的文物古迹做实地考察，需翻阅大量的文化典籍。这使文尧对尧文化有了深入了解的机会。他积累了大量的史料，同时也受到了极大的震撼，萌发了整理出书的念头。

我生长在尧都，工作在临汾，自以为对尧文化知识耳熟能详。然而翻阅文尧的作品后方自叹不如。没想到一个年轻人竟然能把临汾的历史人物收集得如此详尽。数千年来在这块宝地上孕育出的帝王将相、文人名士、商贾巨富、痴男怨女尽在书中。搜集罗列这些人物的名字还不算太难，但在较少专门人物传记的背景下要从晦涩难懂的古籍中把这么多的人物以及他们各自的故事整理出来，确是个极为劳心费神的事情。更难能可贵的是，文尧将文言转译为白话，用春秋笔法描画人物，让这些散落在历史长河中的面容一个个鲜活地展现在读者眼前，将历史人物的神采呈现给世人。全书使用年轻人喜欢的时代语言，质朴而幽默，配以趣味性的插图，阅读起来毫无门槛，老少皆宜。

所谓人杰地灵，有的地方是因山川形胜而能孕育出杰出人才，有的是"地不自胜，惟人而鸣"，在临汾则互为因果，相辅相成。去过山西博物院你会看到，展出的七个专题之前三个专题，从文明摇篮到夏商踪迹，再到晋国霸业，临汾的历史文化占据了主体，几乎活跃在山西历史的每一个朝代。可以说临汾撑起了整个博物院的半壁江山。文尧和他母亲一样很会选择角度，在浩瀚的临汾文化中选择了人物这一专题。有这样一本贯穿中国历史的临汾人物志给读者看，不仅可以增强我们对本土文化的理解和热爱，也可以起到宣传尧文化、促进临汾文化旅游事业发展的作用。

尧文化的发掘和研究是一个很大的历史课题，需要众多的有志之士参与。在我的印象中，喜欢研究地方历史文化的人，大多是头发斑白、戴着老花镜的学究式人物。现在有二三十岁的年轻人参与，便注入了青春的活力。

文尧的名字与陶寺出土的中国最早的文字吻合，或许是一种天意。文尧终是不负所望，承担起研究、宣传尧文化的使命，令人倍感欣慰。期待他有更多的作品问世！

是为序。

临汾市政协原副主席

壬寅仲夏于三星凤凰府凤仪轩寓所

自　序

第一次感受到临汾给我的震撼是在初中的时候。

那天放假，我在家闲着没事。

我妈突然兴致勃勃地说："儿，咱下午去青城村吧？"

我说："去青城村干啥？"

我妈说："青城村是卫青故里啊。"

我说："啊？大将军卫青是咱临汾人？"

真是万万没想到，我特别崇拜的大将军卫青原来和我离得这么近，骑电动一会儿就到了。真到村里其实没什么可看的，历经了千年的变化，留下的只有一块碑和一个名字。但是闭上眼睛，阻却时间的隔阂，让时间穿越回 2000 年前的汉朝，想想我仰慕的大将军卫青就是在这出生和成长的，他辉煌的一生和强悍的大汉帝国都如流水般从我胸中淌过，那感觉和站在别地是不一样的。

后来，我去了日本留学，不当家不知柴米贵，不出国不知中国好。到了国外以后，我才真正感受到中国文化的魅力，而我越了解中国的文化，就越被感动。

有一次和朋友一起去买二手家具，店主发现我们是中国人特别兴奋，叽里呱啦跟我说了一大串。当时刚去日本，日语也不太好。店主就把纸拿出来，写了四个大字：替天行道！说这是他一生中觉得最帅的事！我看《水浒传》的时候又何尝不是呢？后来又聊了一会儿，原来他迷茫的时候也看《水浒传》，也是"替天行道"这四个字在鼓励他坚毅前行。

谁不迷茫啊，我也经常迷茫，特别是物质生活高速发展的今天，越来越多的人迷失在物质里。而经常困扰人使人迷茫的无非就是三个朴素的问题：我是谁？我从哪来？我要到哪去？

这正是我们中华五千年文明最能解答的问题。

我是谁？

你是中国人，中国人信仰祖先，你是你父母的孩子，你父母也有他们的父母，你之所以存在，是因为从你的祖先开始到你，已经延续了成千上万年，我们对自己的存在的合理性无须怀疑。

我从哪来？

从华夏这片土地而来。盘古开天辟地、女娲造人、三皇五帝治世、武王伐纣、春秋战国百家争鸣、秦始皇统一六国、汉唐元称霸天下，我们每一个人都从中华文明中走来。

我要到哪去？

这应该是大部分人最不容易想通的，也是我经常想不通的，但是早有太多的人为我们指明了方向。虽然时代不同，但是我们想的这些事，早就被我们的祖先想了成千上万遍。我们在迷茫的时候只需要拿起他们留下的巨著读一读，看看他们是怎么想的，他们曾经都做了什么，也就知道我们现在该干什么了。

甚至都不用太远，能作为你人生灯塔的人，可能就在你所在的市，你所在的村，你来的地方。

于是我开始搜集整理这些灯塔，便有了《千古人物风流平阳》。

谨以此书献给我深爱的土地——临汾。

导　读

李继红

很高兴有临汾的青年才俊写自己家乡的历史文化名人，这就是文化自信的表现。本土古老的文明，文化的延续后继有人，欣然、悦然之余愿为孩子写书之导读。

临汾古称平阳，是在中华文明史上不可或缺、不可不提的所在，中华文明的起源、新中国的诞生，都和临汾有着极为密切的关系。璀璨文明历史长河中熠熠生辉的历史人物也不乏临汾人。

"上古四圣"中尧、皋陶、舜、禹都出自山西，其中尧、皋陶、舜均是临汾人，作为中国最早的建立者——尧，作为中国最早的司法创立者——皋陶，作为中国最早的孝文化奠基者——舜，他们在中华文明史中都留下了浓墨重彩的一笔。他们不仅是临汾的骄傲，也是中国的骄傲。

中国音乐第一人师旷，中国定义宇宙第一人尸子，中国西天取经第一人法显，中国唯一一位以军礼殡葬的平阳公主等，都出自临汾。

临汾这块土地从来都是英雄辈出的热土。春秋五霸之一的晋文公流亡十九年最终成就霸业，且一举奠定晋国霸主地位一百五十年之久；一代雄主赵鞅，乃是战国时期赵国基业的开创者，其政治、军事、外交成就历历可数，是后世政治家学习的典范。

临汾除了杰出的政治人物，还有彪炳史册的军事人物，如战国第一名将武安君李牧，拒匈奴于千里之外的卫青、霍去病大将军，他们的身影在史册上熠熠生辉。

中国历史上第一秉笔直书史官董狐，留下"董狐直笔"的铿锵成语，留下成语的临汾历史人物还有"古之遗直"的晋大夫叔向，他就是著名的典故"叔向贺贫"的主角。

还有"举贤不避亲仇"的祁奚，其与晋文公的史事，记载于《吕氏春秋》的《去私》篇。

这样的历史典故不胜枚举，至今对当代人有非常深刻的借鉴意义。

除了这些顶天立地、可歌可泣的英雄人物，临汾还有温柔的一面，如辅助舜帝的娥皇女英，能臣也多情的"张敞画眉"，元代十大家的郑光祖、石君宝等。

临汾出英才，当然也出过败类，比如中国四大丑女之一的西晋皇后贾南风，仅次于和珅的清朝巨贪官员王亶望。他们的故事至今仍可以警醒世间人。

这些历史人物在青年才俊文尧的笔端都有描述，文尧在浩瀚的史籍中仔细梳理，选取八十七位临汾历史人物展现出来。这些历史人物中临汾人也多有记载歌颂，不同之处在于，文尧以青少年喜闻乐见的当代笔法，配以当代青少年非常易于接受的漫画插图，幽默风趣地描写古代人物，形神兼备，笔法新颖，对传承中华优秀传统文化、提升民族自豪感有着积极的作用，对临汾本土的宣传做了一件泽及万世的好事。

也许是天意，"中国最早的城邦"尧时期陶寺遗址总共出土两个汉字"文""尧"，而作者本名就是文尧，1987年陶寺遗址刚刚挖掘，还没有如今盛名，其名是在完全不知情的情况下由其长辈所起，文尧不负所望，主动承担起为自己家乡宣传宣扬的重任，我以为应该支持，大力支持。

2022年7月2日

目　录

最美丽温柔的母亲——女娲

女娲，中国上古神话中的女神。

据传说女娲是山西临汾吉县人祖山人氏，也有一说女娲是河南人，甚至还有说是甘肃人。

这个不用太较真，虽然吉县人祖山发现的古人类遗骨应该不是女娲，但是我认为人祖山自古以来祭祀女娲，且临汾是华夏文明的发源地，所以女娲多半就是这里的了，她是以母系氏族原始部落某位女性酋长为原型创造的。

关于女娲的传说有很多版本，南方的版本喜欢说女娲和伏羲是兄妹而且是夫妻，北方的则是单身。无论哪个版本，女娲总能给人以莫大的温暖，我们的各种传说和艺术作品中的女娲总是以美丽、善良的形象出现。

女娲有两件众人皆知的事，一是造人，二是补天。

比起科学家说我们都是猴子（猿）变的，我当然是更喜欢文学家的说法——我们都是一个美女大姐姐女娲造出来的。

有研究神话的学者认为造人和补天其实是一回事，那就是治水。因为在远古时期科技不发达，加上人们对于洪水的恐惧，所以治水主要靠把人扔到河里来献祭。这个办法其实用了很长时间，甚至战国的西门豹还用幽默的手法制止过这种陋习。据推测女娲也是觉得把人扔河里太不靠谱了，所以用稻草、泥还有碎石代替了人，这样不但不用死人，还可以把水堵住，于是有了女娲造人和补天的故事。

还是回到神话里的女娲吧。在我看来，女娲身上有我们所有人所向往的美好。

首先是美丽和纯洁，女娲因为一个人比较寂寞，所以按照自己的形象用黄土捏了泥人，黄土不就是山西的特点吗？如果女娲是东北人，那肯定是用黑土。

泥人捏好之后，女娲又赋予了他们生命。刚刚从黄泥变成的人自然懵懂无知，就和刚出生的婴儿一样，于是女娲扮演着母亲的角色，教会了我们的祖先如何生存和繁衍。

其次就是善良和慈爱，我们可以想象女娲看着人类慢慢成长的喜悦，我们也能想象当洪灾水祸危害人类时女娲是何等揪心，我们都将或已经为人父母，应该可以想象女娲的心境。

女娲补天其实就是治水，古代黄河在壶口一带容易泛滥成灾，看来女娲真的是临汾人也说不定。看着自己的孩子因为水灾死的死伤的伤，女娲作为母亲肯定受不了，于是炼五彩神石补天。

我感觉炼五彩神石的工艺要比捏泥人复杂得多，女娲没有选择人死了再多捏一些，而是选择用更耗费精力的五彩神石去补天来保护人类，这就是母爱。

这样的女娲给了我无限的温暖，因为我们大部分的母亲也是这样。生一个孩子没出息，她不会觉得与其把这孩子培养好这么费事不如把这个扔了再重新生一个。

如果这样的女娲能一直陪伴着人类成长，看到人类今天的成就该有多好，可惜女娲没有跟我们一起生活到现在。据说是补天的五彩神石差一块，女娲看着就差那么一点没补上，而她的孩子们又在受着水灾的折磨，所以用自己的身体去补上了最后的一块天。这难道不是只有伟大的母亲才能做到的吗？

所以我们常说上天有好生之德，或许是因为女娲就在天上注视着我们。

汉字出临汾 —— 仓颉

　　侯冈颉，俗称仓颉先师，又被称为史皇氏，又曰苍王、仓圣。临汾市西赵村是仓颉故里，但不能说他是西赵村人。仓颉是造字的圣人，可比西赵村岁数大多了。

　　仓颉是黄帝时期的左史官，一般来说这个时期的人物，其故里基本是没法考证的。但临汾是仓颉故里，我相信绝对不是空穴来风。西赵村原有一块石碑刻有"仓颉造字处"，财神楼北街原来还有仓颉庙，现在临汾还有个社区叫仓颉社区。如果仓颉和临汾没有千丝万缕的关系，千百年来的临汾人肯定不会为他这么下功夫。

　　字肯定不是仓颉一个人造的，而是有点类似秦始皇统一文字一样，仓颉也是把很多不同部落的记录方式做了整合。仓颉为什么要干这事？
因为他发愁啊，仓颉是史官，负责记录历史，但是当时的记录方式太
五花八门了，有结绳记事的，有画画的，还有靠唱歌记录的。仓颉写
史书写得晕头转向。为了能好好地记录历史，就必须得有一套完整的
文字。于是仓颉就搜罗各个部落的图案、文字，并借鉴星辰、山川、
鸟兽的形状和纹理整理出来中国最早的有着完整体系的文字。

以上是比较靠谱的仓颉造字的故事，关于仓颉还有很多神奇的传
说可以讲讲。

《春秋元命苞》记载仓颉长了一张龙脸，还有四只眼睛，想想是
不是挺吓人的。还有传说是仓颉刚生下来就会写字，又说他创造文字
成功的那一天，天上下的都是小米，鬼怪吓得晚上睡不着觉哭了一晚
上，龙也惊慌失措不敢出来都藏在了水底下。夸张是夸张了些，但是
用来形容文字对人类发展带来的影响却一点都不为过。有了文字，代
表着人类可以传承经验，不断地在巨人的肩膀上叠罗汉。

人类从原始社会到文明社会最重要的一个标志就是文字的使用，
而汉字更是世界上为数不多仍在使用的表意文字。在全世界大部分国
家使用以字母为载体的表音文字的时代，汉字这样一个以图形为载体
的表意文字可以完美地翻译各国文字。无论时代如何进步，新鲜的事
物多么层出不穷，汉字都经受住了考验，依然可以流畅、准确地表达。
这难道不是一个奇迹吗？

中国最早制定律法的人 —— 皋陶

皋陶，偃姓（一说为嬴姓），皋氏，名繇，字庭坚。与尧、舜、禹被后人尊为上古四圣。临汾市洪洞县甘亭镇士师村人，还有一说是山东人，我认为不太可能，因为自炎黄大战蚩尤之后，炎黄子孙的主要活动区域就在临汾一带，上古时期交通不太便利的条件下，很难出现突然有一个人千里迢迢从山东跑到山西来的情况，更何况还成为一代圣贤呢。

士师村守皋陶庙的老人说：当年皋陶把《狱典》刻在树皮上，呈给舜，舜看后觉得很好，就让皋陶实施。

于是就有了我国的第一部《狱典》，距今 4000 多年，据《竹书纪

年》记载："三年，命咎陶作刑。"咎陶即皋陶，这也是皋陶被认为
中国司法鼻祖的原因。

中国一直有拜祖师爷的传统，学木匠拜鲁班，学相声拜穷不怕，
学法律的就拜这位上古四圣之一的皋陶。现代也有多位司法部门领导
曾到士师村的皋陶庙参观学习。

相传皋陶养了一种很神奇的宠物叫獬豸，獬豸可不像现在的宠物
猫，耗子都抓不了，人家可是能断案的宠物。它能分辨好坏，发现奸
邪的官员就用角把他撞倒，然后吃到肚子里，所以每当有案件难以审
判的时候就会把"獬豸主子"请出来。不过我感觉这可能是当时对疑
难案件的一种迷信处理方式。

虽然说皋陶对中国的律法做出了如此多的贡献，但是他的能力远
不止于此，否则也不会被列入上古四圣了。皋陶是上古时期的三朝元
老，先后辅佐了尧舜禹三位旷古烁今的帝王，当时很多的重大事件都
是皋陶策划的，政治、经济、文化等各个领域都有他杰出的贡献，以
至于形成了皋陶文化。兴五教、定五礼、创五刑等，都是皋陶文化的
一部分，春秋战国时期百家争鸣的思想根源都可以在皋陶文化中找到。

直到现在洪洞甘亭士师村还流传有皋陶的故事，村内还建有皋陶
祠，表达对先人的纪念。

千古一帝——尧

日出而作，日入而息。凿井而饮，耕田而食。帝力于我何有哉。

——击壤歌

尧，本名伊祁放勋。临汾人，根据最新的考古发现可以具体到山西省临汾市襄汾县陶寺村。因为陶寺挖出来的陶寺遗址被证明是尧的都城，终于用铁的事实堵住了说尧是虚构的人的嘴，特别是不承认中国历史有五千年的外国历史学家的嘴。

尧本身不叫尧，尧是一个称谓，繁体的尧写成"堯"，上面三个土摞在一起，象征高远的意思，下面是个人，意思是人之中最高远者为尧，因为伊祁放勋的丰功伟绩，所以被人称为尧。

中国常用的汉字有 2500 个左右，一般人能认识的也就是 1000 个左右，尧就算其中一个，而尧这个字自从伊祁放勋之后就专指他一个人，再没别的意思了。一个人占一个汉字，而且是我们人人都认识的一个汉字，足见尧在我们中华民族中的地位。

尧有怎么样的贤德呢？历史上有很多的记载，太多了，我就不说了，我们可以从侧面看一看。文章开头有一首《击壤歌》，壤是一种玩具，就是拿两个木头片，一个插地上，然后用另一个砸它。击壤歌就是尧那个时代玩这个游戏的时候唱的，这和我们小时候"跳皮筋""跳房子"都有相关的配乐是一个道理。

不一样的是这首击壤歌表现出一种非常安稳、祥和的生活状态。说的是百姓们靠自己的劳动而过着幸福的生活，甚至感受不到帝王的功劳。其实这正是最高级别的管理啊。老子说管理的最高境界就是无为而治，看着好像什么都没干，但是百姓却安居乐业，这就是尧时代的生活。试想一下有一个公司，员工连老板是谁都不知道，却每天正常的工作，这是多少老板的梦想啊。可惜，现实是大部分的老板天天盯着员工工作，工作还没干好。

虽然后世说起尧主要是说尧的德行多么好，其实尧更出众的是能力，从尧这个字的解释也可以看得出来。我国的二十四节气就是在尧的主持下制定的，对于现在的人来说，可能二十四节气的作用只是让我们多吃顿饺子，但是在还没有天气预报的时代，我们中国的农民在几千年的农耕文明中都是靠着二十四节气来耕种的。什么时候种小麦，什么时候种豆子，什么时候防寒，都被二十四节气安排得明明白白的。

说起二十四节气，又是一个被传说证明的故事。虽然史书上有记载是尧制定了历法、节气，但是很多人都以为是传说。陶寺遗址挖出了尧时期的观象台，就是几根排列很有趣的柱子，干什么用的无从知晓，经过天文、考古等很多领域的专家研究，终于发现这么几根不起眼的柱子可以通过光照精确地把一年分成二十四个节气。现在二十四节气已经被纳入联合国教科文组织人类非物质文化遗产代表作名录。

这是尧各种伟大功绩中的一项，而尧最伟大的就是实行了选举制度。虽然尧是帝王，但是他没有把帝位传给他的儿子，而是让人推荐贤能的人，被推荐者有很多，最终尧看中了舜。这也仅仅是看中了，之后尧又用各种各样的工作考察了舜三年，发现舜的确可以担当大任，才把帝位传给他。从某种意义上这也算是一种选举吧。正是因为这件事，尧才被千古的文人所传颂。

对我而言，尧最让我敬仰的是他开启了中华民族的伟大时代，我今天所有的文化、信仰自他而来，并且将一代一代传承下去。

美女救帝王——鹿仙女

鹿仙女，临汾市金殿镇姑射山人氏。

作为一个地道的临汾人，我从小到大都能听到许许多多关于尧的传说和故事。尧的妻子是富宜氏，但是有一位鹿仙女才是尧最倾心的人，他们还留下一段温情浪漫的爱情故事。

临汾有座山，叫姑射山，传说姑射山上有一位鹿仙女。

因为姑射山的鹿仙女嫁给了尧，当地人便认为尧是他们的姑爷，所以也将此山戏称为姑爷山。鹿仙女和尧是怎样相遇、相识、相爱、相知的呢？

听我细细道来。

藐姑射之山，有神人居焉；肌肤若冰雪，绰约若处子；不食五谷，吸风饮露；乘云气，御飞龙，而游乎四海之外；其神凝，使物不疵疠而年谷熟。

这是庄子《逍遥游》中对鹿仙女的赞美，她不但美得不可方物，而且是一位有德的仙女，可以让庄稼丰收。尧当时已经建立了中国历史上第一个伟大的王朝，成为万人敬仰的贤君，但是为了百姓可以安居乐业，生活更富足，他毅然决定冒着风险，只身前往姑射山寻找能让庄稼丰收的鹿仙女。至于有没有小小的私心想一睹鹿仙女的芳容，我们不得而知。

尧在姑射山美丽的景色和崎岖的道路上跌跌撞撞，寻找能为百姓带来幸福的鹿仙女。其实呢，鹿仙女早就已经暗中观察着这位心诚志坚、器宇不凡的小伙子。

这时鹿仙女的内心，有一丝丝悸动。但是他们一个天仙、一个凡人，这之间的差距让鹿仙女不能不有所矜持。

这么温柔美丽的仙女，难道就没有追求者吗？

有！

他就是黑虎仙，黑虎仙爱慕鹿仙女多年，但是鹿仙女看出他心术不正，对他冷若冰霜。于是黑虎仙化身成一条巨蟒盘踞在姑射山。

尧来到姑射山当然也被黑虎仙发现了，可能是看到尧之后感到自惭形秽，觉得有他在，自己肯定是没希望了。黑虎仙怒从心头起，恶向胆边生，决定一劳永逸地解决尧这个潜在的威胁。

化身成巨蟒的黑虎仙张开血盆大口，就向在山中迷路的尧扑过去。

鹿仙女想，尧把国家治理得这么好，要是被巨蟒吃了，百姓说不定又要受苦，必须把他救下来。于是鹿仙女大发神威，打退了巨蟒。

终于鹿仙女和尧相见了，就在那一刻，她决定抛下美丽的姑射山，抛下她热爱的神奇的大自然，抛下她自由自在无忧无虑的生活，抛下所有的一切，帮助尧治理天下。

当晚尧和鹿仙女在山洞中成亲，为后世留下了"洞房"一词。

婚后的生活非常幸福，鹿仙女不但带来了风调雨顺、作物丰收，还给尧生下两个孩子。但是好景不长，怀恨在心的黑虎仙展开了气势汹汹的报复。鹿仙女为了保护尧和两个孩子，只得向天帝求助。天帝镇压了黑虎仙，但是对鹿仙女下嫁凡人非常愤怒，令她不得再与尧见面。

虽然之后尧又重新娶妻生子，但是尧的内心应该永远都住着鹿仙女。

这就是我们临汾的本土仙女——鹿仙女的故事。

千古第二帝——舜

舜，姚姓，有虞氏，名重华，字都君，谥曰"舜"。

从史料的记载来看，舜肯定不是临汾人，孟子说他是东夷人，就是山东人，可见大家都喜欢给自己的家乡长脸是古已有之了，毕竟孟子就是山东人，不过也不能排除一个山东人在远古时代交通非常不发达的情况下跋山涉水来到山西临汾做上门女婿的可能性。另有一说是司马迁说的，说舜是冀州人，当时的永济就属于冀州，且舜建都在永济，所以我猜舜是永济人，从永济跑到临汾来当女婿还是比较靠谱的。不过也有人说古代的东夷和冀州有很大的交集，所以孟子和司马迁所说都对。

历史久远，众说纷纭，但是舜是咱临汾的女婿，这点是毋庸置疑的，因为他娶了尧的两个女儿娥皇和女英。

关于舜的传说非常非常多，但是绝大多数都不太可信，比如舜是二十四孝之首，孝感天地。孝感天地讲了舜是如何遭到生父和继母的百般迫害后依然孝敬父母的故事，这种事放到现在最正确的做法是先报警。

当然看待古代的传说故事要有现代人的高度，知道不能和父母较真儿就行，如果真的碰到心如蛇蝎把自己往死里整的父母还是要报警。

比起舜愚孝的故事，我倒是更相信尧对于舜的考验。相传尧到了晚年，想要找一个人继承，并且把自己两个宝贝闺女都嫁给他。当时四方诸侯都推荐舜，据说是因为舜种地种得非常好，大家看他种地种得好，就都搬到他附近一起种，围绕舜形成了一个村落。这个是很合理的，因为在那个农耕文明的初期，种地种得好是一大本事。尧听了以后很开心，说："那就试试吧！"

于是把两个女儿娥皇和女英嫁给舜，又派了九个儿子和舜一起种地。说是种地，其实这里面包含了古代农耕文明的所有生产活动——种地、储存粮食、制作工具等。一段时间之后，九个儿子回来报告说："舜不光种地是一把好手，农具也做得好，陶罐更是烧一件成一件，下河捕鱼、出门做买卖、样样精通。"尧大喜，看来没有选错人，就先让他做实习帝王，之后传位给他。

乍一听感觉种地和选帝王八竿子打不着？其实这是一套非常合理的选人套路，因为在那个时代要管理天下，主要就是管理农业。如果尧把帝位传给一个四体不勤、五谷不分的人，不得担心子民们饿肚子吗？舜首先具备农业生产的技能，这是过了第一关。其次就是领导能力和管理能力了，大家能聚在舜身边形成村落，说明舜是有领导者的魅力的。尧先让舜做实习帝王，就是看他的管理能力。果然天下太平，尧才放心把帝位传给舜。

放在现在这也是非常可行的，想要在一个行业里成为翘楚，首先要了解这个行业，这是基础，然后还需要领导和管理的能力，很多跨行的人能成功，是因为他们在了解这个行业的基础上赋予了更多的创新。我们可以看到很多朝代和公司亡于什么都不懂的继任者就是这个道理。

舜在继位之后选贤任能，举用"八恺""八元"等治理民事，任命禹治水，放逐"四凶"，特别是任命大禹治水成功之后，天下大治。因此舜被后人列入象征君王贤能顶点的"三皇五帝"之中，更是有成语"尧舜禹汤"来赞扬其贤能。

关于舜还有另一个版本的故事，有兴趣可以去看《竹书纪年》，这里就不多说了。

感动中国好儿媳——娥皇、女英

　　娥皇、女英是舜的妻子、尧的女儿，所以都姓伊祁，是无可置疑的临汾人。

　　但是也有传说娥皇、女英是河北人。更有传说舜死了之后，二妃去找，一直找到湖南那边才得知舜帝已死，埋在九嶷山下。二妃抱竹痛哭，泪染青竹，泪尽而死，这竹子得名"潇湘竹"或"湘妃竹"。一对姐妹出生在河北，但是父亲是山西人，最后找老公找到湖南去，难道古人真的可以腾云驾雾？交通比我们还方便？

　　这其实是神话在文明统一的过程中出现了大杂烩的现象，远古时期各地有各地的神话和传说，随着部族之间不断的兼并统一，各地的神话传说也产生了融合，所以才会出现形象如此丰满、经历如此曲折的众多神话故事。

但是娥皇和女英我相信一定是有的，而且就在临汾，只是没有像传说中那么玄乎。传说娥皇和女英都想当舜的大老婆，两姐妹为了男人争吵不休，尧看不下去了就说："谁先到舜那去，谁就是大老婆吧。"于是娥皇和女英上演了一场速度与激情的追逐，当然不是开着车，娥皇骑着马，女英则驾着骡车，中途骡子饮水的地方后来被称为"娥英泉"，就在临汾市襄汾县的西杨村附近。传说因为女英的骡子突然要生产，耽误了女英的争位大计，所以女英斥责骡子今后不准生驹，这就是"为什么骡子生不出骡子"的传说。我个人认为当时应该有姐妹同嫁一夫的习俗，并且之后很多年都有，所以不会出现为了争夺谁是大老婆而闹事的情形。

在临汾魏村镇的车辐村还有另一个版本，说是娥皇乘车，女英骑马。娥皇的车走到仁义村，车的辐条坏了，于是仁义村的村民就帮娥皇修辐条，此后仁义村就改名"车辐村"了。

关于娥皇、女英的传说太多，但是最有人情味、我最喜欢的是关于她们在羊獬村的传说。羊獬村是临汾洪洞县的一个村子，村里有一种熟食——羊獬鸡，特别出名。但是更出名的是村里"接姑姑"的习俗。传说尧和两个闺女迁居到了羊獬村，所以羊獬村的人们一直认为羊獬村人都是娥皇、女英的娘家人。娘家人就要有娘家人的样子，所以每年的三月初三就要去万安历山接姑姑，传说舜就是在历山种地被尧看上的，然后到了四月二十八再把姑姑送去。这可不光是一接一送这么简单，那场面是锣鼓喧天，鞭炮齐鸣，还要唱大戏，让人感觉到我们对神的爱特别亲切，因为这个神不是别人，正是我们的祖先。

我很认真，不要和我开玩笑——唐叔虞

唐叔虞，姬姓，名虞，字子于。叔虞是说到临汾绝对不能错过的一位。虽然他并不是临汾本地人，但是他却居住在临汾市翼城县，是晋国的始祖。

叔虞是封神榜第一男主角周武王姬发的儿子，所以应该是陕西人。叔虞为什么会是晋国的始祖呢？这个故事要从一个成语故事"桐叶封弟"讲起。

周武王姬发在姜子牙等一帮人的辅佐下取得了天下，还生了五个儿子。儿子还没长大，姬发就撒手人寰了。

不过姬发有个非常好的弟弟帮他辅佐儿子周成王姬诵，他弟弟就是可与黄帝和孔子并称,有"千古一人"称号的周公,本名姬旦,又称周公旦。有他辅佐姬诵,姬发大可以含笑九泉了。

周公摄政的时候,姬诵还是个熊孩子。有一日,姬诵和弟弟姬虞在院里玩,姬诵随手捡了一片桐树叶对弟弟说:"我用这个分封你。"这可把姬虞高兴坏了,立马去跟周公说,毕竟哥哥现在还没正式掌权,什么事都得听叔叔周公的。周公领着小姬虞到姬诵那问:"是真的吗?"姬诵一愣:"这能是真的吗?我开玩笑的,你们不用这么认真吧?"周公可不答应,他觉得这是个教育侄子的好机会,大谈了一番君无戏言的道理。

最后就这么糊里糊涂地把姬虞封到唐地了,也就是临汾市翼城县一带,所以姬虞被人称为唐叔虞。

这不禁要感叹一下历史的偶然,我们三晋的奠基人竟然是这样来的。

但是历史也有必然。唐地本是夏的大本营,按理说地是不错的,但是夏人并不是很配合周这个新王朝的管理,而且周边部落众多,是个很不安定的地方。历史的必然这就来了,虽然这个封地来得很玩笑,但是姬虞真不白拿,他采用"启以夏政,疆以戎索"的政策将唐地整治得人民安定、律法严明,一点都没有愧对三晋始祖的称谓。

"启以夏政,疆以戎索",简单的解释就是沿用夏的政策治理夏人,然后利用周边的部落开疆拓土。

夏的律法本身就很公正、健全且严厉,这对晋国早期的发展起到了非常重要的作用,甚至影响了秦国。

回想一下中国法律的始祖正是临汾的皋陶,这与夏的律法严明不无关系,之后唐叔虞沿用了夏的律法治国有方,这自然对出生在临汾的荀子深有影响,所以荀子才能教出来两个法家的高徒——韩非和李斯,特别是李斯还用法家之学辅佐秦始皇一统天下。

疆以戎索也是一个基本国策,戎就是周边被称为戎狄的很多小部落，将这些小部落纳入疆域之内不但可以减少矛盾，更增加了本国的人口、土地并增强了战斗力。所以晋国才能成为"春秋五霸"中最大的诸侯国，大到三家分晋之后，赵、魏、韩依然可以跻身战国七雄之列。

后来因为他的儿子从翼城搬到了晋水之旁，也就是现在的曲沃，所以之后唐便改名为晋。

这就是说到三晋大地，绝对不能错过的"唐叔虞"。

逃亡二十年的一代霸主——重耳

晋文公，姬姓，名重耳。春秋时期晋国国君，临汾市曲沃人。

晋文公可是临汾名人中的佼佼者，他在中国历史上留了浓墨重彩的一笔。分成两段来说吧。

第一段是公子逃亡，第二段叫君临天下。

春秋战国的历史上，称霸的君主不少都有逃亡的经历，可能就是因为逃亡的生涯让他们真正了解了世界，做到了从群众中来到群众中去，所以才能称霸吧。

先说第一段：公子逃亡。

父王有了新宠，宠妃陷害其他公子的故事发生了无数次，这次找上了晋文公重耳。晋献公的宠妃骊姬先是陷害太子申生，太子申生含冤上吊而死，之后便开始对付重耳。重耳是个孝子，不想做反抗父亲的事，但是也不想白白冤死，当时的重耳已经四十多岁，过了不惑之年，比太子想得明白，既不能和父王对着干，又不想白死，那就只能跑了，于是大龄公子带着几个从小结交的德才兼备之人便开始了逃亡之路。

这一路上运气好了锦衣玉食，运气不好就忍饥挨饿。投奔卫国时就遭了人白眼，无奈之下便继续走，走到饿得实在不行了，开始向沿途的村民讨饭，村民看他们落魄不堪不愿搭理，随手捡起一块土打发重耳。重耳大怒！但是赵衰（赵氏孤儿的祖先）对他说："土代表土地，百姓将土地献给您，这是吉兆啊！"于是重耳就带着这块土继续逃亡。

虽说是逃亡，但是大部分时候过得还是不错的。投奔到翟国，翟国送给他两个美女；投奔到齐国，齐国更是把同族的美女齐姜嫁给重耳；到秦国的时候，秦穆公一下把五个同宗女子嫁重耳，这逃亡之路上可谓"收获"颇丰。

重耳逃亡到楚国的时候曾受到楚王的礼遇，重耳也非常感动。有一次在宴会上，楚王问重耳："如果有一天您返回晋国，该如何报答我呢？"

重耳说："珍禽异兽、珠宝绸绢，君王都富富有余，假如有一天万不得已两国兵戎相见，我愿为您退避三舍。"

当时楚国的大臣都认为重耳作为一个落魄的公子不知天高地厚，口出狂言对楚王不敬。当时的楚王是楚成王，也是一代雄主，看出重耳定非池中之物，所以并没有觉得重耳无礼，反倒是觉得重耳说的是大实话，这事就过去了。

再说第二段：君临天下。

重耳在楚国没待多久就逢良机，要回国继位了，这个可以从"秦晋之好"这个成语开始说起。晋献公在位的时候把女儿嫁给了秦穆公，这就是秦晋之好的开始。后来骊姬乱政，重耳出逃。晋国在重耳出逃的这十九年里可是一点都不消停，国君就换了三个，把仅在位一个月的除掉，剩下两位都和秦国有千丝万缕的联系。因为秦国当时的政策是做一个靠得住的娘家人，所以本着谁是我小舅子我帮谁，谁是我女婿我帮谁的原则，先后扶持了两任晋王，然而这两任晋王既不成器也不把娘家人当回事，都闹掰了。但是秦国的政策不能变，之前一下把五个秦国王族的女儿嫁给重耳，就是打算继续让秦国的女婿当晋王。

于是重耳正式踏上了回国之路，由于重耳的名声很好，加上有秦国的帮助，回国的时候百姓都欢迎他，所以重耳颇为顺利地继任了晋王，即晋文公，这时的重耳已经六十一岁了。

虽然晋国动乱了十几年，但也是春秋时期的大国，庇护着诸多小弟。重耳继位的第四年，有一个小弟就来告状了。

晋国的小弟宋国被楚国带着曹国和卫国欺负了，于是两位大哥带着各自的小弟开战。其实当时明智的楚成王并不想打，他说："重耳在外逃亡了十九年，深知百姓疾苦，所以能体察民情，深受百姓爱戴，这是上天为他开路，不可阻挡啊。"

可是楚国大将子玉执意一战，楚王就随便给了些兵打发子玉。大战在即，晋军突然后退九十里，弄得子玉一头雾水，就去问晋国的狐偃怎么回事。狐偃说："这不是当时我们晋王和楚王说好的吗？晋王为了报答当时流落楚国时楚王的礼遇之恩，答应两国一旦交战会退避三舍。"子玉只好继续进军九十里地再战。重耳这一招实在是厉害啊，既遵守了当时的约定，又诱敌深入以逸待劳，打得子玉大败而归。

这一战便造就了晋文公重耳"霸主"身份，也留下了成语"退避三舍"的故事。

徒手抓熊猫——魏犫

　　魏犫，姬姓，魏氏，名犫，谥武，故又称魏武子，临汾市尧都区魏村镇魏村人。

　　魏村可是个文化悠久的村落，是晋国大夫魏氏的封地。这个魏氏也就是之后三家分晋成为战国七雄中一雄的那个魏国之魏。魏氏之中起到承前启后作用的就是魏武子魏犫。

　　话说当年重耳流亡十九年，身边带了五个重要的跟班，之后被人称为五贤，魏犫就是其中之一。五贤里面有赵衰、狐偃这种动脑子的，而魏犫主要是负责动手的。

　　魏犫可以说是春秋时期的武功高手，《东周列国志》里面讲魏犫曾徒手生擒一只食铁兽。晋文公重耳和楚王在云梦泽游玩，云梦泽就是湖北省江汉平原上广阔的连片湖泊。他们玩的时候就比试打猎，楚王射了一只鹿、一只兔子，重耳射了一只熊。这时候就有好事的人说："这都不算啥，这有种特别厉害的猛兽，似熊非熊，其鼻如象，其头似狮，其足似虎，其发如豺，其鬣似野豕，其尾似牛，其身大于马，其文黑白斑驳，剑戟刀箭，俱不能伤。嚼铁如泥，车轴裹铁，俱被啮食，矫捷无伦，人不能制，以此喧闹。"听着能把人吓死，这个其实就是《山海经》里记载的食铁兽，也就是咱们现在所说的熊猫，哈哈。因为熊猫吃竹子，古人看见觉得太厉害了，竹子这么硬，人家直接就嚼碎了，这得多厉害啊，所以给起了个名字叫食铁兽。

虽然熊猫的战力被夸大了很多，但是别被它可爱的外表蒙蔽，熊猫真实的战力也是非常强悍的。熊猫奔跑速度能达到每小时40公里，咬合力120公斤，动物界排行前五，体重300多斤，正常人绝对不要去招惹大熊猫。

魏犨为了给重耳长脸，同时也显示自己的勇武，就徒手抓了一只熊猫回来。不过这个《东周列国志》是小说，不是史料，只能当个故事听听，但是也能看出来大家对魏犨武力的认可，所以叫魏武子嘛。

史料上也记载了魏武子一些有趣的故事。晋文公重耳攻打城濮时曾经下令不许杀僖负羁，结果魏犨不但把人杀了，还把人家给烧了，自己还受了重伤。不过我估摸着魏犨觉得重耳也不会真把他怎么样才敢下手的。果然重耳就说："去看看魏犨是还行不行了？要是伤得打不了仗，就杀了他！"这分明就是给他一个台阶下。没想到魏犨还真在乎这个台阶，带着伤做了三百个蛙跳，又翻了三百个跟头，这事就算了了。

虽然魏犨看着是非常鲁莽的一个人，但是也有柔情的时候，这个柔情不但救了他儿子的命，还留下一个成语叫"结草衔环"。古代的人不但有老婆还有很多小妾的，魏犨快死的时候有个小妾还很年轻，也没生过孩子，魏犨多次跟儿子魏颗说："我死了以后，就让她改嫁吧，咱算娘家，把婚礼办得漂漂亮亮的。"但是他到弥留之际又想让小妾陪葬，不过魏颗很明白事理，觉得老爹清醒的时候说的话才对，就还是把魏犨的小妾改嫁了。

有一次魏犨的儿子去攻打秦国，被秦国一名大将杜回打得溃不成军，快被打死的时候，杜回的马被绊倒了，反被魏颗擒住，反败为胜。原来是那个小妾的亡父为了报答魏家魏颗之恩，所以晚上偷偷去秦军路过的草地上，把草都打了节。这就是成语"结草衔环"中"结草"的故事。

然后才有魏氏一族三家分晋，开启战国七雄那一段精彩的故事。

赵氏的一代雄主——赵鞅

今日贪酒一次

赵鞅，又名志父，亦称赵孟，被人尊称为赵简子（因为当时赵氏还没有成为诸侯国，所以不能称公，就只能称子），是赵氏孤儿赵武的孙子，赵国真正的奠基者。赵简子的封地就是临汾市洪洞县赵城镇，所以赵城又称简子城。

赵氏一族可以说命运多舛，看赵氏的家族史不得不一次次地感叹命运的奇妙。赵武的时候就险些亡族，赵武和儿子又都是英年早逝，可是每到生死存亡之际，或是有贵人相助，或是赵氏族中就会出现一位雄才大略的人物力挽狂澜。

赵鞅就是这个力挽狂澜的了不起的人物。当时晋国由六卿把持朝政，这六卿中的赵、魏、韩就是之后三家分晋的三大家族，另外还有三家范氏、中行氏、智氏。赵鞅的爷爷赵武再一次位列六卿的时候已经非常势弱，但是到了赵鞅手里不但把赵氏发扬光大，而且还灭了中行氏和范氏，保住了晋国霸主的地位，更是为之后三家分晋打下了基础。

晋国是春秋之中比较奇特的一个，其他显赫一时的诸侯国大都是亡于敌强我弱，只有晋国是从头到尾都很强大。之所以会亡，是因为晋国内部的几位卿大夫家族过于强大，把晋国分了。

赵国作为其中最强的一支，其奠基者赵简子有非常多的故事流传下来，其中非常重要的一点就是赵简子的用人之道。赵鞅创下一番事业之后免不了要享受一下，这是所有人都难以避免的，于是他也是夜夜笙歌不理朝政。他的家臣中有一个叫周舍的就在他家门外站了三天三夜，终于把赵鞅站得受不了了，就问："你找我有啥事啊？"周舍说："我要站着把您的过错都记下来，每天都记。如果您能经常看看，每个月都会有所改变，一年之后就大有所得了。"赵简子听了非常感动，就和周舍同吃同住。

后来周舍死了，当时的赵简子权势熏天，所有人都对他唯唯诺诺，赵简子十分感慨，说话也挺直，他说道："一千张羊皮也不如一只狐狸腋下最柔软的皮毛，就像现在这么多人对我唯唯诺诺也不如一个周舍敢说真话啊。"

可见赵简子不但做到了知人善任，而且还能在最得意的时候不忘时刻提醒自己。

赵简子不光善于用人，他还有一大功绩——改革制度。

晋国六卿在势力角逐的时候，实力最强大的就是范氏和中行氏，他们六个打来打去，但是范氏和中行氏仗着自己实力强大竟然攻打晋王，晋王虽然已经名存实亡，但是这就像公共的肥肉一样，大家都看着可以，谁要敢先动，别人就要出手。所以范氏和中行氏被其他四卿合力击败。其残余的势力仍然很大，并且投靠了齐国，这时候赵简子负责剿灭范氏和中行氏残余势力，这些残余势力在齐国的援助下一度将赵简子包围，形势十分危急。当时兵士打仗，基本上战斗欲望都不是很高，因为孔子也说了春秋无义战，动机不怎么高尚。所以在危难之际赵简子进行了非常实用的战前激励演讲："如果战胜敌人，上大夫给一个县；下大夫给一个郡，士给良田十万亩；庶人工商都能当官；奴隶可获得自由。"这么一个简单的绩效制度瞬间把士气就提上去了。这一套后来被秦国学去，建立了不世功业。

赵简子所开创的很多制度都在秦国统一之后成为全国通用的制度，不愧是赵氏的一代雄主。

君子坦荡荡——祁奚

祁奚，原姓姬，字黄羊，祖籍山西临汾，晋献公的四世孙，后来因为被封到祁县，所以改姓祁。

有句话叫"内举不避亲，外举不避怨"就是说的祁奚，这句话出自《尸子》，尸子也是临汾人。

祁奚一生辅佐过晋灵公、晋厉公、晋悼公、晋平公，可谓四朝元老，其实晋悼公的时候祁奚就觉得自己年龄太大了请辞，可是因为他这样的人才实在是太稀缺了，所以到晋平公的时候又把他老人家请出来干活了。

祁奚这个人是比较淡泊的，并没有想要做出像管仲一样的丰功伟业。正是因为这样，他有一个非常了不起的优点，就是非常公正无私。无论职位大小的人都特别服他。想要别人发自内心地服他，靠的不是身份地位，而是公正。祁奚能做到多公正呢？这就要说到"内举不避亲，外举不避怨"的故事啦。

晋悼公时祁奚是中军尉，祁奚想要辞职回家养老，晋悼公就问："你走了，你的活谁干啊？"祁奚说："解狐能干。"晋悼公就惊讶了，问道："解狐是你的杀父仇人，你怎么推荐他？"祁奚："你不是问我谁能干吗？这和跟我对不对付有啥关系？"这就是"外举不避怨"。

可是解狐命不好，还没上任就死了，祁奚原本的副职羊舌职也死了。于是晋悼公又问祁奚："还有谁能干啊？"祁奚说："我儿子祁午也行。"晋悼公："那羊舌职的位置谁能干呢？"祁奚说："他儿子羊舌赤可以。"祁奚连续推荐了自己的儿子和下属羊舌职的儿子，但是晋悼公丝毫没有怀疑他的动机，正是因为祁奚有公正无私的品格，他推荐自己的儿子不是因为祁午是自己的儿子，而是因为他足以胜任，这就是"内举不避亲"。

祁奚还有一个施恩不图报的故事很多人喜欢讲，我觉得他们根本不理解祁奚真正的品格。故事是这样的：晋悼公的儿子晋平公的时候，因为祁奚的声誉非常高，所以就又把祁奚请回来做官。虽然他老得已经干不了太多工作了，但至少也可以给满朝文武做一个榜样。年迈的祁奚因体力不支，干了几年就又告老还乡。他刚回家就听说叔向被抓起来了，叔向是一个非常能干且有德行的人，祁奚害怕国家错过了这样的人才，所以赶紧又驾车回去。

叔向被抓的确是冤枉的，因为一个叫栾盈的犯了事逃到了楚国，叔向的弟弟刚好是栾盈的同党，于是上卿范宣子就杀了叔向的弟弟，又抓了叔向。一个叫乐王鲋的大夫知道叔向冤枉，就说："我替你求情去吧。"叔向却丝毫没有感谢他，旁人都埋怨叔向，叔向说："他是不敢得罪人的，只会顺着别人说话，指望不上的，只有内举不避亲、外举不避怨的祁大夫不会忘了救我。"

果不其然，没人通知祁奚，他自己就来了。祁奚直接去找范宣子向他痛陈利害，说："像叔向这样的人是国家的栋梁，你怎么能因为他弟弟有错，就牵连他呢？如果他不能好好做官，那是国家的损失……"范宣子被数落了一番反倒很开心，和祁奚一起坐车去见晋平公，后赦免了叔向。

更让人感动的是祁奚和叔向招呼都没打就各自回家了，太洒脱太坦荡了。说祁奚是施恩不图报的话，格局就太低了，祁奚所做的一切都是因为公正，是为了国家，本来就公正的事情，怎么能说是施恩呢？如果是为了施恩，那就有了人情，人情可是公正的天敌。再说叔向得到了公正，公正在君子眼里难道不是理所应当的吗？祁奚做了他该做的事，为什么要去感谢他？

这种君子之间的坦荡正是我们现代人情社会所缺乏的。

古之遗直——叔向

叔向，羊舌肸，姬姓，羊舌氏，名肸，字叔向，是临汾市魏村镇羊舍村人。

我曾和朋友去过羊舍村，感触颇深。一个小小的村子里竟然有十几处散落的文化古迹，叔向故里自然是其中之一。据说叔向的妻子住在老家羊舍村，生了个儿子有点痴呆。妾室在晋都曲沃生子伶俐，比较得宠。叔向死后被妾葬在了曲沃，叔向的妻子非常悲愤说："遗体不在了，人却要留下。"于是把羊舌的"舌"字上加一个"八"字成了现在的羊舍村。

叔向的历史评价颇高，还留下一个成语叫"叔向贺贫"。说的是晋国有一个卿大夫韩宣子非常贫穷，快揭不开锅的那种。叔向听说之后特别开心，专程跑去看这个韩宣子。韩宣子正在屋里发愁呢，这边叔向就来了，一进屋就道喜。韩宣子说："我穷成这样有啥可乐的啊？头上空有卿大夫的名号，口袋里却没有半分钱。"然后叔向就给他讲了一番大道理，简单说就是原来谁谁谁特别有钱，但是身首异处，谁谁谁特别穷但是贤名远播。谈古论今列举了一大通，最后说你韩宣子虽然穷，但是德行好啊，贫贱不能移就是你最大的资本。这一顿说得韩宣子心花怒放，原来富足不仅仅有物质还有精神。于是韩宣子向叔向拜谢道："你这一番话真是救了我的命啊，不但我要感谢你，我的后世子孙也要承蒙您的恩德。"叔向可是晋国的大人物，如此称赞一个人，韩宣子自然是声名远播，也就不再受穷了。另外说一句，这个韩宣子的老爹就是咱说赵氏孤儿里义救孤儿的韩厥。

在春秋那个残酷又浪漫的年代，叔向能在最大的晋国有一席之地，靠的可不是一个成语，还有很多精彩的故事，我挑两个说说。

话说有个叫范宣子的，也是临汾人，和晋国的另一个大氏族栾氏斗争，赢了。然后把栾氏的一干党羽或杀或抓，叔向也被牵扯其中下了大狱。自古就不缺看热闹不嫌事大的人，这就有闲极无聊的人问叔向："你怕是脑子不好使才被抓到这大狱里来的吧。哈哈。"没想到叔向却说："嗨，咋过不是一辈子呢，这不比那些逃亡的强吗？我就在监狱里优哉游哉吧。"足见叔向这个人的心胸之大。但是别忘了叔向这个人是有口皆碑的，所以不少人打算去救他，其中就有个叫乐王鲋的自告奋勇去找叔向，意思是要想方设法搭救他，同时也可以为自己博得美名，但是叔向没搭理他。又有无聊的人问叔向："人家好心来救你，你咋爱搭不理的？"叔向说："乐王鲋其实没什么主见，君主说什么，他就是什么，怎么能指望他来救我呢？能救我的人非祁奚祁大夫莫属。"神奇的事就开始了！

叔向说祁大夫能救他，但是并没有找人去向祁大夫说情。祁大夫当时都已经告老还乡了，听说了这事还真就竭尽全力去游说范宣子和晋平公，把叔向救了出来，然后直接就回老家了。叔向出来以后呢，也没去拜谢祁大夫，该上朝上朝，该回家回家。

正是因为祁大夫和叔向都是刚正不阿的人，办事只考虑国家，并不存在私情，所以俩人根本就不需要人情世故，如果用世俗的眼光去看他们，那格局就小了。

虽然叔向能坦然面对牢狱之灾，但是也有暴脾气的时候。有次秦国派人来晋国和谈，这可是个大事，弄不好又得打仗。叔向就安排没有私心的子员去办这个事，但是子朱一直自告奋勇要去，叔向不同意。子朱恼羞成怒和叔向吵架还把剑拔了出来，叔向一看说："这事要是搞砸了，三军暴骨，你这个人一向没什么好心眼，我怕你不成？"说罢拔剑和子朱战作一团。不过当时两人身边全是王公大臣，他们奋力将两人拉开了。只要是为了国事，叔向也是可以暴脾气和人动刀子的。

孔子评价叔向为："古之遗直"，这个"古之遗直"叔向的故事一时半会儿可是说不完，在临汾和叔向一样有风骨、有故事的人可就更说不完了，有兴趣的话推荐多读读先秦的古书，一定会受益非凡。

中国音乐第一人——师旷

师旷，字子野，被古人称为乐圣，按现在说法就是中国音乐天花板。师旷是临汾市洪洞县曲亭镇师村人，现在师村仍有师旷墓、师旷庙、师旷堡等诸多与师旷有关的人文古迹。如果现在玩音乐的人想拜祖师爷，绝对应该拜他。

师旷并不姓师，师是春秋时期对顶级音乐家的尊称。他真正的姓已经无从考证。《庄子·齐物论》中记载有"师旷甚知音律"。根据诸多史料记载可以判断师旷是拥有绝对音感的人，任何乐器只要听一声，便知道音准不准。

这可能与师旷是个盲人有一定关系，失去视觉的师旷，听力异于常人。有传闻说师旷是为了学习音律自毁双目，不过从我的判断，师旷应该是先天便盲。师旷虽然被尊为乐圣，但他的抱负并不仅限于音乐。他博学多闻，有自己的政治主张和治国思想。根据现存先秦文献记载可以发现：师旷几乎参与了晋国内政、外交、军事等一系列事务，常向晋王讲授治国安邦的道理，所以绝对不会只为了音乐而自毁双目。

师旷生活在诸侯纷争的春秋乱世，在晋国担任首席宫廷音乐师，与晋平公发生过很多有意思的故事。晋平公谥号"平"，意思就是比较平庸，但他有时候也很可爱。

有一次晋平公喝多了，对一起喝酒的臣子说："没有比当国君更快乐的事了，我说什么就是什么，谁也不敢反对，哈哈哈哈。"

这种混账话被师旷听见就气不打一处来，他拿起琴就向晋平公砸过去，幸好晋平公练过几天武，躲过去了，但也吓得不轻，便问："师旷，你要砸谁啊？"

师旷说："我听见有小人在主公身边胡言乱语，气得要砸他！"

晋平公说："那是我说的啊。"师旷可是春秋时期最著名的音乐家，拥有绝对音感，怎么可能听不出晋平公的声音，他无非是想提醒晋平公的言行，便说："啊？这可不是国君该说的话啊。"晋平公老脸一红。

晋平公身边的小人们都进言要处罚师旷，晋平公虽然不是明君但也不算昏君，并没有处罚师旷，而是说："我要引以为戒啊。"

还有一次晋平公对师旷说："我想要学习，但已经七老八十了，太晚啦。"这是典型的说漂亮话，给不想学习找理由啊。

师旷答道："那为什么不点蜡呢？"意思是朝闻道夕死可矣，但是晋平公却完全不理解，有点生气，说："哪有做臣子的和国君开玩笑的呢？"师旷只好解释道："我是一个双目失明的人，怎敢戏弄君主？我曾听说：'少年的时候喜欢学习，就像初升的太阳一样；中年的时候喜欢学习，就像正午的太阳一样；晚年的时候喜欢学习，就像点蜡烛一样明亮。'点上蜡烛和暗中走路哪个好呢？"

晋平公才反应过来说："讲得好啊！"

在师旷等人的辅佐下，晋平公一度恢复晋文公时期的霸业，但是晋平公终究算不得一代明君，最终使晋国的大权落在六卿手中。

这些传奇都发生在拥有五千年历史的临汾，作为临汾人，岂不该骄傲！

希望此文能让更多热爱故乡的人对临汾多一些了解，另外也送给一直为音乐梦想努力的我的好朋友杨思垚，有空来临汾，我带你去看师旷庙。

秉笔直书——董狐

董狐，临汾市翼城县良狐村人，春秋时期晋国史官。

赵氏孤儿的故事大家都知道，虽然和董狐不是一个时期，但董狐和赵氏孤儿是有一点点关系的。赵氏孤儿里赵武的爷爷赵盾是晋国的权臣，和董狐是同一时代，还发生过一些故事。

当时晋国的国君是晋灵公，晋灵公本人是个昏君，在历史上并不出名。但有一个故事，美食爱好者一定有所耳闻——说是某厨师做熊掌没做好被砍了头，就是晋灵公这个昏君干出来的。晋灵公总干这些荒唐事，那赵盾作为一个靠谱的臣子肯定是要劝阻他的。因为赵盾总是指出晋灵公的各种问题，所以晋灵公特别烦他。想要解决这个烦恼，摆在晋灵公面前的有两个方案：一、解决问题；二、解决提问题的人。昏字当头的晋灵公非常果断地选择了方案二。

赵盾也是运气好，趁着还没被解决就逃跑了。当时赵家在晋国的势力非常大，虽然赵盾跑了，但他弟弟赵穿还在，赵穿觉得晋灵公太欺负人，那摆在赵穿面前也有两个方案：一、解决被欺负的心理创伤；二、解决欺负人的人。赵穿也选了方案二。但是赵穿可不是"昏"字当头，而是"狠"字当头。方案二顺利实施，他哥哥赵盾也开开心心地回来了，因为赵家的势力，解决个诸侯王也没人能把他们怎么着。但是有一个人觉得这事太过分，这就是董狐。

董狐是史官，没什么权利，但是他有笔。他就端端正正地在史书上写：赵盾弑其君。赵盾一看就不乐意了——人又不是我解决的，于是就去找董狐理论，董狐义正词严地把赵盾说得哑口无言。

怎么说的呢？董狐说："你作为晋国的正卿，在逃亡未过国境时，原有的君臣之义就没有断绝，你弟弟把国君杀了，你回到朝中，就应当讨伐你弟弟，你不但没有讨伐你弟弟，反倒心安理得地回来继续做正卿，你还是赵家的一家之主，能说没有你的事吗？"

虽然我们说晋灵公是个昏君，但是在古代的价值观里讲究忠孝节义。那个时代领导犯错就把领导解决掉并不是一个值得褒奖的办法。春秋时期的人能坚持自身信仰的人很多，他们可以忠君爱国到非常迂腐的地步，所以赵盾兄弟的所作所为是不被当时的价值观所接受的。特别讲究君君臣臣、父父子子的孔子是非常推崇董狐的，这赵家人连晋灵公都敢解决，他一个史官可不是冒着生命危险在写史书吗？

这里就要再说一个故事，来解释一下为什么赵家人连晋灵公都敢解决，但是对董狐就只有理论一番悻悻而归。

春秋时期有大把铁骨铮铮、视死如归的史官。当时齐国也有个弑君的权臣叫崔杼，他自己也觉得这事不太光彩，就想让史官别这么写，可是齐国的史官也是端端正正在竹简上写了："夏五月，崔杼谋杀国君光。"

崔杼一看史书就把史官杀了，当时的史官是家族承包制的，所以就把史官的二弟叫来继续写。

弟弟一看哥哥为了坚持信仰而死了，自己也来吧，于是又递上去一片写着"夏五月，崔杼谋杀国君光"的竹简。崔杼又把老二杀了，然后又叫三弟来，三弟又把哥哥的事重演了一遍。

这时候崔杼已经接近崩溃，要不干脆把史官一家都杀光算了。可是这时候他听到一个消息：地方上一个史官听说他快把中央的史官杀完了，于是带着写好"夏五月，崔杼谋杀国君光"的竹简正往这赶呢。这终于成为压垮骆驼的最后一根稻草，崔杼崩溃了。杀多少都没用啊，他把老四叫来说："你写你的吧，我不管了。"于是真实的历史"夏五月，崔杼谋杀国君光"才能被我们看到。

古代史官对自我信仰的坚持让人热血沸腾。正因为我们中国历史上有如此多铁骨铮铮、视死如归的史官，才能给我们留下比小说还要精彩的真实的历史。

拼命三郎——蔺相如

相如一奋其气，威信敌国，退而让颇，名重太山（通假字，泰），其处智勇，可谓兼之矣！

——司马迁

蔺相如，字仲仁，临汾市古县蔺子坪村人。不过河北人认为他是邯郸人，河南人认为是他安阳人。这个不用纠结，我也有八分之一的河南血统，有人说我是河南人，我也挺乐意。

太史公评价蔺相如的话简单来说就是智勇双全，举了两件事——完璧归赵和将相和，初中课本里都有，这里就不细说了。另外还有一件事，也是蔺相如智勇双全的典范，那就是渑池会盟。

当年秦国派白起攻打赵国，虽然还没到长平之战的时候，但是赵国已经损失惨重。

国与国之间一向钩心斗角，这时候楚国就和秦国捣乱，秦国就想和赵国讲和，赵国当然愿意讲和。但是秦昭王想跟赵惠王约个地点当面聊，赵惠王就不愿意去了，蔺相如说："不行啊，咱不去，他以为咱们怕他呢。"赵惠王心里想："还用他以为？可不就是怕他嘛。"但是还是勉勉强强去了，走之前还立了太子，真是抱着"风萧萧兮易水寒，赵王一去不复还"的心态了。

会面还算融洽，人家吃饭喝酒挺和谐的，酒喝到高兴了，秦昭王就说："听说赵惠王你瑟弹得不错，你给咱露一手呗。"赵惠王挺高兴，人家夸咱呢，咱就露一手呗。

万万没想到他刚弹完，秦昭王就美滋滋地说："史官记下啊，某年某月某日，秦王与赵王一起饮酒，令赵王弹瑟，哈哈哈哈。"赵惠王一愣，没想到秦昭王这么摆了自己一道，不但是颜面无光，更是影响接下来谈和的气势。

这就好像很多"50"后企业家谈生意之前的酒局一样，如果能在酒局上压倒对方，那么接下来的合作也会占有主动权。秦昭王看似占小便宜，其实暗藏玄机。

但是这时候智勇双全的蔺相如来救场了，他抱着一个瓦缶（缶是喝酒用的，但是酒喝美了之后也经常击缶而歌）跪在秦昭王面前说："听说您也是音乐爱好者，您击个缶给我们赵王听听呗。"秦昭王肯定不愿意啊。蔺相如又说："咱俩就五步远，你要是不击，信不信我用缶砸死你？"秦昭王是肯定信的，因为上次蔺相如就差点当着他的面一头撞死，这人啥事干不出来？秦昭王只好勉强击了一下。蔺相如马上喊史官："记上，某年某月某日，秦王为赵王敲缶。"

如此一来秦国嚣张的气焰被彻底打压下去，直到和谈结束也没有占到什么便宜，毕竟蔺相如随时都有可能冲上来和秦昭王拼命。

　　之后就是将相和的故事了。渑池会盟以后，蔺相如风光无限。廉颇很吃醋，但是蔺相如以大局为重，处处忍让，感化了廉颇。廉颇感觉无地自容，于是留下了负荆请罪的美谈。

　　我是对的，但是我不因为我是对的就坚持己见不容他人，这是多么宽广的胸怀！要知道和蔺相如才能不相上下的人在战国时期数不胜数，但是胸襟能比得上蔺相如的就很少了。

　　很多时候我们在职场上也会面临这样的问题，一个团队总有各种各样的矛盾，甚至领导也会做出一些效率低下的决策，但是在这个不完美的决策下还不发牢骚，坚持做好工作的人并不多。从大局出发，即使是不完美的决策也应该好好地执行下去，因为不执行就意味着停滞不前。

　　在一个张扬自我的年代，能够牺牲表现自己的机会而顾全大局的人，或许才是我们应该学习的。

活着比死更需要勇气——程婴

程婴，春秋时期晋国义士，临汾市翼城县南梁镇程公村人。

程婴的职业从现在的角度来看是个医生。但春秋时期的医生比现在的医生地位更高。宋以后用郎中和大夫称呼医生就是表达了对医生的尊敬。

程婴虽然是医生，然而命运赋予他最深刻的印记，却是与赵朔的生死之交。

当年，屠岸贾与赵朔的父亲赵盾同朝为官，但是互相敌对。赵盾死后，屠岸贾杀了赵盾全家。当时作为赵朔生死之交的程婴本也想与赵朔同生共死，但是他做了比死更义薄云天的事。他决定要保存赵氏一族的香火。在赵盾的门客公孙杵臼的逼问下，程婴吐露出这样的心迹。

赵朔的妻子是晋国公主。当时她和赵朔的孩子刚刚出生,屠岸贾立刻就派人搜查,公主将孩子藏在裤裆中,躲过了第一次搜查。可是之后又能怎么办呢?

此时,公孙杵臼问程婴:"死和扶立孤儿,哪个难?"程婴说:"扶立孤儿难。"于是,他们找个刚出生的孩子冒充赵氏遗孤并藏在山中,由公孙杵臼带着,程婴去举报,只要公孙杵臼为保护孤儿战死,那么屠岸贾就一定会相信这个冒充的赵氏遗孤是真的,而程婴就可以安全地把真正的赵氏遗孤养大。一个为忠而死,一个为义而生。

屠岸贾果然没有让他们失望,他坚信这个被程婴告发、被公孙杵臼拼死保护的婴儿是真的赵氏遗孤。

公孙杵臼死了,程婴虽然活着,但是却比死艰难百倍,因为对程婴这样士可杀不可辱的忠义之士来说,背负卖友求荣的骂名活着,比死痛苦一万倍。

屠岸贾解决掉心头之患后,自然放松了警惕。程婴借行医之际,将赵朔的遗孤赵武平安带出宫门。但是背负骂名的程婴在都城已经待不下去了,而且莫名其妙多出一个孩子也让人起疑,所以他带着赵武到山中隐居。他们隐居的小山后来被称为安儿坡,据《太平县(今临汾市襄汾县汾城镇)志》记载:明崇祯三年筑堡,西北有山曰"安儿坡"。今太常庄是程婴养育赵氏孤儿藏匿处,藏孤洞遗址尚存。

程婴一面教导赵武长大成人,一面行医谋生,当地流传有很多程婴医术高超的传说。

后来在韩厥的努力下,晋景公召回了赵武,恢复了赵氏的封地。赵武二十岁举行冠礼,程婴向赵武表示:你爸爸赵朔死的时候,我想死没有死;你伯伯公孙杵臼死的时候,我想死没有死;现在你长大成人,我终于可以无牵无挂地去见他们了。赵武是程婴一手带大的,对赵武来说,程婴比亲爸还亲,当然百般恳求程婴不要死。但是程婴表示,自己活到现在是为了忠义,而不是苟且偷生,坚决地自刎了。

　　虽然程婴自刎现在看来有些迂腐，但是他高尚的精神被称颂至今，或许死亡对他来说真是一种解脱。

　　临汾市襄汾县汾城镇内有一村，名程公村。村内有程婴的墓和祠堂（祠堂在抗日战争时期被毁），现在我们仍可以从程婴的墓碑上看到后世对他的传颂。

慷慨悲壮之士——公孙杵臼

　　公孙杵臼，春秋时期晋国义士，临汾市洪洞县公孙堡村人。史料里关于公孙杵臼（也有说公孙忤臼）的记载只有寥寥数笔，但是一个形象丰满的忠义之士却跃然展现于我们眼前。

　　公孙杵臼作为门客，在"赵氏孤儿"的故事发生之前并没有太突出的事记载于史册。不过有一次，晋襄公死了以后正卿赵盾和亚卿狐射姑各自拥立新的国君，碰巧这俩人都不在晋国，赵盾支持的公子雍在秦国，狐射姑支持的公子乐在陈国。两拨人不但派出了人马迎接公子回国，还都派了刺客去刺杀对方的公子。赵盾这边派出的就是以公孙杵臼为代表的一众门客。结果是公孙杵臼这边成功刺杀了公子乐，但是公子雍也没当上国君。晋国的政治斗争就不多说了，但是这个事件足以证明公孙杵臼的办事能力是极佳的。

赵盾死后，一个叫屠岸贾的人在朝中势力非常大，对赵盾很有意见，找了个理由要晋景公杀赵盾全家。这时候出现了一个很关键的人物叫韩厥。他是第一个得到消息的，赵盾一死，韩厥立马通知了赵盾的儿子赵朔逃跑。

当时的赵朔正处在人生最幸福的岁月，事业有成，还娶了晋成公的姐姐为妻，他的妻子又怀了孩子，马上就要当爸爸的时候，血雨却至。

赵朔没有选择逃跑，只是请韩厥为他保留赵氏的血脉，也就是他妻子肚里的孩子。韩厥第一时间就想到了公孙杵臼并与他联系，这种弄不好就要死的事，被人第一个就想到，可见公孙杵臼的为人。公孙杵臼知道自己一个人肯定办不成，立马动身去找了赵朔的生死之交程婴，并对程婴发问："赵朔是你的生死之交，现在他已经死了，你呢？"虽然公孙杵臼这么问，但是我相信公孙杵臼对程婴的人品是有充足的把握，否则也不会来找他，之所以这么问，只是逼迫程婴表露心声。程婴果然没有让公孙杵臼失望，说道："赵朔是死了，可是他妻子还怀着他的孩子，我要把他的孩子养大成人。"

这个时候义救赵氏孤儿而名垂千古的三公小队就正式成立了。

时日不多，"赵氏孤儿"就出生了，屠岸贾带着人去搜查，赵朔的妻子将孩子藏在裤裆里才逃过一劫。之后程婴对公孙杵臼说："这不是办法啊，来一次找不见，还会一直来找的。"其实公孙杵臼早已下定了赴死的决心问程婴道："死和忍辱负重扶立遗孤哪个比较难？"程婴也说真心话："死多容易啊，当然是扶立遗孤难。"公孙杵臼说："那我去死吧，赵朔对你那么好，扶立遗孤的艰难任务就交给你了。"

于是乎，他俩人去找了个婴儿，一起逃到山中，然后程婴从山里跑出来对屠岸贾的人说："我程婴没出息，谁能给我黄金千两，我就告诉他赵氏遗孤藏在哪！"屠岸贾的将士们都很开心，终于不用瞎找了，于是和程婴一同前往山中，找到公孙杵臼。公孙杵臼抱着不知道谁的婴儿大骂程婴："程婴，你这个卑鄙小人，赵朔死的时候你苟活，和我商量一起带走孤儿好好抚养，就算你不想抚养他，也不用害死他啊！"然后公孙杵臼又真诚地恳求屠岸贾一党杀了自己，放孤儿一条活路。正是公孙杵臼用生命保护了一个不相干的婴儿，让屠岸贾一党深信，这个婴儿就是赵氏遗孤，所以把公孙杵臼和婴儿都杀了，之后程婴才能顺利地带着真的赵氏孤儿躲在山中生活。

唐代的文学大家韩愈曾评价"燕赵古称多慷慨悲歌之士"，而燕赵这份慷慨悲歌就源自公孙杵臼也说不定。其实春秋战国时期，士人对物质的沉迷远不及现在，反倒是很有淡泊生死、慷慨浪漫的气魄，如壮士一去兮不复还的荆轲、漆身吞炭的豫让等。"士为知己者死，女为悦己者容"才是当时的价值观的最高标准吧。

晋国的五朝元老——韩厥

　　韩厥，又名韩献子，春秋时期晋国中军将，辅佐了晋国五代国君，是一位了不起的人物。祖籍是临汾市曲沃县（当时的曲沃可是春秋第一大国晋的国都），不过他在襄汾县赵康村一代活动频繁，并且死后葬在离汾城镇十里地的厥店村，当地仍立有韩厥祠和墓碑。

　　韩厥最让人熟悉的应该是和程婴、公孙杵臼一起义救赵氏孤儿的故事，其实韩厥的一生都充满了精彩。

　　韩厥本身是晋国贵族之后，因为他们家的封地在韩原（今陕西韩城），所以就姓韩了。到了韩厥这一代，韩氏已经家道中落，但是韩厥的能力和品行异常出众，受到了当时如日中天的晋国贵族赵衰的欣赏，将他收养在家。不但赵衰欣赏他，赵衰的儿子赵盾也非常欣赏他，韩厥和赵盾属于同辈，又同朝为官，可说是亦臣亦友。在河曲之战时，赵盾提携韩厥做了三军司马，职位非常高。在上任的第一天，韩厥发现赵盾的御用司机驾着赵盾的御用战车在军阵中横冲直撞扰乱军纪。韩厥一看，这像话吗？砍了他。说砍就砍！军中人人议论说韩厥怎么这么忘恩负义，然而赵盾见到韩厥的时候大加赞赏，说道："我就是故意让他扰乱军纪看看你的反应，果然没有让我失望，看来将来执掌晋国的人非你莫属啊，哈哈哈哈。"还真就被赵盾说中了，四十年后晋悼公破格提拔铁面无私的韩厥为执政大夫兼中军元帅，一人之下万人之上。

韩厥的秉公执法绝对不因人而异，十分高效，齐晋鞌之战时，韩厥的上司已经换成了郤克。郤克手下的一名将官不知天高地厚，大敌当前违反军纪又被韩厥砍了。当时郤克本想赶去说情，但回来的时候只能拿着一颗人头警示三军了。

话说这齐晋鞌之一战不仅能看出韩厥的刚正不阿，还能看到韩厥勇武过人的一面。八年前晋楚争霸晋国失败之后，邻国齐国的齐顷公便开始嘚瑟了，曾经侮辱晋国、卫国、鲁国的使臣，还经常欺负附近弱小的卫国和鲁国，卫国和鲁国只好向晋国求救。当年被侮辱的使臣正是韩厥的新上司，这次带兵与齐国会战的郤克。憋着一股火的郤克自然是奋勇杀敌。齐顷公自食恶果，被晋国击败，转身要跑，被韩厥发现。韩厥乘着一辆战车便冲向齐国大军，齐军拼死护主将韩厥的车夫左右全部射杀，韩厥硬是一个人驾着战车冲到了齐顷公战车之前，将其连人带车擒下。可惜齐顷公趁乱和别人换了车还换了衣服，逃过一劫。

韩厥之后的仕途可谓一帆风顺，但是他的恩人赵盾（当时赵盾已死）一家却遭到灭门之灾。赵盾的仇家屠岸贾怂恿晋景公灭赵氏一族，韩厥极力劝阻不成，便跑去通知赵盾的儿子赵朔逃命，赵朔说："我是走不了了，希望你能保赵氏一脉不绝。"虽然史书上没有明确记载韩厥是怎样联络公孙杵臼和程婴并定下保留赵氏唯一血脉的，但是从之后他向晋景公进言复立赵氏和赵氏孤儿恢复封地后对赵武关怀备至的点点滴滴之中完全可以看出，韩厥在保护赵氏孤儿一事上从开始就参与其中。

襄汾县三公村曾建有三公议事亭（现已被毁），相传韩厥、公孙杵臼、程婴曾在此商议保护赵氏孤儿的大计。

韩厥一生为晋国的霸业鞠躬尽瘁，为赵氏的遗孤竭尽所能，可称得上是一位堂堂正正的君子。但是之后三家分晋的韩家也正是韩厥的后人，也正是因为韩厥给韩氏打下了良好的基础，韩氏才能在春秋末期分得一国。忠臣义士之后往往是乱臣贼子，确是一个发人深思的问题。

最早定义宇宙的人——尸子

尸佼，临汾市曲沃县人，战国时期的政治家、思想家、诸子百家之一的尸子。

尸子名字给人感觉很可怕，而且听过的人也不多，可能会觉得这是一个诸子百家里打酱油的。当然不是，那主要是因为他的著作在宋代就失传了，现在还能看到的是清代一个人从其他诸子百家的文章和史书中整理出来的。从这一点就可以看出尸子惊人的影响力。原著失传，靠从其他的著作和史书中还能整理出来一部《尸子》，就知道他的思想影响了多少大家。

再说一个人尽皆知却大多人不知是尸子所为的事。我们都生活在无尽的空间和时间之中，这无尽的空间和时间被称为宇宙，那么宇宙这个定义是怎么来的呢？

就是尸子第一个精准地定义了宇宙的概念：天地四方曰宇，往古来今曰宙。

和大部分诸子百家一样，尸子对政治、教育、哲学、科学都深有研究，其思想也不拘于一格。

所以对于尸子属于哪一家的争论很多，有说是道家的，有说是儒家的，又因为他辅助商鞅在秦国立法所以也有说他是法家的，还有人觉得哪家都沾边，认为他是杂家。

我认为如果《尸子》不是那么早就失传可以供后人好好钻研的话，或许完全可以自成一家。

尸子和商鞅的故事要从头说起。尸子的所在地山西曲沃当时属于魏国，商鞅是河南安阳人，当时属于卫国（后来卫国大片土地被魏国侵吞了，所以地理上他们是离得很近的），当时卫国已经衰微，商鞅就跑到了魏国求发展，在这里商鞅和尸子相识了。

关于商鞅和尸子的关系有两种说法：一说尸子是商鞅的老师，一说尸子是商鞅的门客。其实并不矛盾，很有可能是商鞅跟着尸子学习，然后打算在魏国施展抱负，可惜并不受重视，于是师徒俩人便一起投奔秦国了。商鞅醉心政治，尸子热爱研究，所以商鞅得到重用后便供养尸子，那么尸子就可能被说成是商鞅的门客。

这里一定要提一下魏国这个奇葩的国家。战国七雄各有特色，魏国在其中扮演"人才输出大国"的角色。不光是尸子和商鞅，魏国输出的人才还有吴起、乐毅、范雎等，随便从魏国出来一个人，都搅得战国天翻地覆。

在相互斗争如此激烈的战国时期，偏偏魏国对这些人才视而不见，所以魏国后期开始走下坡路也是不冤。

魏国对于人才的漠视或许深深地影响了尸子的治国思想，尸子说："国之所以不治者三：不知用贤，此其一也；虽知用贤，求不能得，此其二也；虽得贤，不能尽，此其三也。"

简单解释一下就是：之所以不能把国家治理好，原因有三点：

第一，不知道任用贤能的人；第二，知道应该任用贤能的人，但是找不见贤能的人；第三，找到了贤能的人，却不能好好任用。

可见魏国的所作所为让尸子感触很深。之后商鞅和尸子在秦国有一番大的作为，可惜秦国一贯是卸磨杀驴，商鞅被杀之后，尸子就逃到了蜀地开始专心著书，写出了《尸子》二十篇，共六万多字。

可惜因为失传，他的许多伟大思想我们已经读不到了。

不过我还是怀着希望，或许某次重大的考古可以让失传的《尸子》重新呈现于我们的眼前，让我们可以瞻仰这位定义了宇宙的伟大思想家。

当了三次中科院长的人——荀子

大巧在所不为，大智在所不虑。

——荀子

荀子，名况，字卿，临汾市安泽人，战国时期著名思想家、政治家。其实我觉得荀子更多的是一位学者。

从荀子的著作中可以看出来他是一位特别客观、冷静、理智的人，而且十分热爱并善于学习。

据史书上记载，荀子五十岁才开始出门游学，五十岁的人体力和精力肯定都不比年轻的时候了，更何况是人到七十古来稀的春秋战国。

荀子第一个要去的就是齐国。齐国是当时的文化大国，因为齐国有一个类似于中国科学院的大师聚集地叫作稷下学宫。稷下学宫聚集了当时所有领域的大师，诸子百家所有的思想和主张在这里碰撞，是所有学者心之所向的地方。

没想到的是荀子来了，一张嘴，大家就都服了。我想荀子到稷下学宫技压群雄的故事一定是非常精彩的，可惜史书上并没有写。总之稷下学宫各门各派的人都心悦诚服地让荀子来担任稷下学宫的祭酒，相当于中国科学院院长。

后来也许是荀子在稷下学宫待闷了想要继续游学，也许是齐国和燕国打仗搅得老人家心烦，荀子就辞去祭酒一职，回了赵国。当时的赵国早已不是赵武灵王时代的赵国，明白人不多，荀子心灰意冷，刚好战火之后稷下学宫重建，荀子就又回了齐国。齐国上下一看荀子回来了特别开心，又请他去做稷下学宫的祭酒。这一做就是十几年，然而齐国的政治环境并不让老人家开心，难以施展抱负，转而又去秦国、赵国绕了一圈。然后回到齐国，接着当稷下学宫的祭酒。

这个相当于学者最高荣誉的职位，很多有学问的人一辈子都当不上，荀子是去一次当一次，五十岁开始一共做了三次稷下学宫的祭酒，还留下一个词叫"三为祭酒"。

荀子看似到处游学又三为祭酒非常风光，但是他内心或许是悲凉的。他怀着一身的本事、满腔的抱负到处游历，希望可以把自己的治国思想发扬光大，但是很明显，没有真正得到实施的机会。所以只能一次又一次回到稷下学宫，可是回到稷下学宫又看到一帮高谈阔论没有真本事的人，所以只能一次又一次外出游学。

最后因为荀子太过耀眼，在稷下学宫被人排挤，荀子就去了楚国。楚国的春申君请他做了兰陵的地方官，大材小用了。之后春申君政治斗争失败，荀子也不做官了，就安心地在兰陵著书立说写出《荀子》。

荀子是很欣赏孔子的，因为庄子经常编段子黑孔子，所以荀子很不喜欢庄子。他俩的思想也是南辕北辙。

庄子说："我们的生命是有限的，知识是无限的，用有限的生命去学习无限的知识，这是作死。"

荀子说："不积跬步，无以至千里；不积小流，无以成江海。只有好好学习，才能有所成长。"

还是继续说荀子和孔子。和孔子比起来，荀子要幸福很多，荀子虽然欣赏孔子，却没有盲目崇拜孔子。他没有孔子的浪漫，却有孔子欠缺的理智，所以也没有像孔子一样吃那么多苦，反而在当时比孔子更加有成就。

"三为祭酒"的故事已经说了，再说说他的徒弟。孔子作为最伟大的教育家教出来孔门七十二贤，大部分都籍籍无名，比较拔尖的如颜回、子路也没太大的成就。看看荀子的徒弟呢？韩非、李斯，李斯为秦统一六国做出了重大贡献，韩非著书立说促进了当时社会的进步。

所以说理智的荀子比浪漫的孔子在生前取得了更多的成就。

这时候就有一个有意思的问题，因为荀子喜欢孔子的思想，所以大部分学者认为荀子是儒家的，但是他却偏偏教出两个震古烁今的法家徒弟来。那么荀子到底是哪一家的？

诸子百家这么多，真的都要把这些大师们分门别类哪来的一百家？我认为荀子自成一家。因为他的思想和儒家、法家都有明显的区别。个人觉得非要给这些思想家分类，就好像非要说一个人是好人还是坏人一样。人是很复杂的，更何况是这样的大师。

关于荀子，再说一个我身边的小故事，这个故事让我感到好好宣传临汾的历史名人是多么重要。有一次我妈和几个阿姨去安泽玩，路上有位阿姨的老公打来电话问她在哪，她看了看路牌高兴地跟老公说："我们去勾子故里玩。"

生长在这片土地的我们都不去重视我们的文化，还有谁会去重视呢？

战国第一名将——李牧

李牧，名繲，字牧，战国时期的赵国名将，临汾市安泽人。

战国时期，赵国的位置非常险恶，一边靠近强大的秦国，一边靠近强悍的匈奴。匈奴人有两项主要产业：一个是逐水草而居的放牧，一个是逐农耕而往的抢劫。因为匈奴属于游牧民族，机动性超强，来无影去无踪，所以赵国君臣经常因匈奴侵犯边境而苦恼。

直到李牧去边境上任。

李牧是军事天才，对于匈奴的优势和自身的优势有充分的了解，所以他决定采用龟缩战术，只要匈奴一来，他就让军队保护着百姓物资撤回长城之内（其实在秦始皇以前，各诸侯都修有长城，而秦始皇把它们连了起来，成了万里长城），匈奴每次来都无功而返。

李牧治军纪严、待士卒厚。他还下了个看似奇怪的命令，凡是主动跟匈奴交战的都斩了，让将士每天刻苦训练。训练虽然辛苦，可李牧犒劳将士是一点不含糊，每天都要杀好几头牛给他们吃。所以边防战士们是吃得好、练得强。然而每次匈奴一来，李牧都龟缩，军中便传出李牧畏惧匈奴的传言，匈奴人更是觉得李牧胆小如鼠。其实李牧在下一盘很大的棋。

传闻传到赵王耳中后，赵王非常生气，命令李牧出击，李牧不听，赵王就更生气了，把李牧免职，换了个人上。换上的这个人每次匈奴一来都出兵交战，每次都输。这时候赵王才觉得还是李牧靠谱，又想把李牧换回去，李牧当然不乐意去啦。赵王自知理亏，请了李牧好几次，李牧说："我去也行，可我还是那老一套。"赵王这次学乖了，说："你爱咋办咋办，只要你去就行。"

李牧上任之后，匈奴又是每次都无功而返。赵王很高兴，多次奖赏边防。李牧也全都分给将士们，可是时间一长，将士们不乐意啦，他们想着我们每天好吃好喝，还有奖励拿，又练得一身本事，可是没有和匈奴干过仗，心里感觉特别地过意不去，全都请求李牧将军与匈奴一战。

李牧感觉自己下的这盘大棋终于可以收官了，于是点起精兵强将，决定与匈奴一战。他先让百姓们在边境上随意放牧，吸引匈奴来抢。匈奴发现边境上全是唾手可得的牛羊财物，马上派大军来抢。虽然后面有李牧的军队，可是匈奴不怕啊，李牧这个胆小鬼，每次我们一来他就跑，不足为惧。这次李牧又跑了，留下大批的牛羊物资给匈奴抢。匈奴抢得正高兴的时候，李牧带着大军又杀了回来。这一仗杀了匈奴十多万人马，打败了东胡，收降了林胡，匈奴单于逃跑。此后十多年，匈奴都不敢接近赵国边境。李牧龟缩多年的布局大获成功。

匈奴这边没事了，可是秦国越来越强大了，长平一战，秦国名将白起杀了赵国四十万精兵，赵国刚缓过来点，又有秦大将桓齮在邯郸杀了十万精兵，且还要扩大战果。赵国危在旦夕，赵王只好把李牧调去来抵抗秦军。李牧驻兵于宜安（今河北藁城市西南），与秦军对峙。当时秦军连战连胜势头正猛，李牧认为仓促应战难以取胜，于是坚守不出。桓齮也看出李牧坚守的想法，秦军劳师远征，如果李牧坚守城池跟他打消耗战的话，对秦军非常不利。所以他率主力进攻肥下，想要引李牧救援从而围点打援。

可是李牧能被人牵着鼻子走吗？李牧在桓齮主力出击，大营空虚之时，去攻打了秦军大营，逼得桓齮返回救援，反而对桓齮来个围点打援，大破秦军。自此一战，李牧被封武安君，这是将领武勋的最高荣誉，战国时期还有另一位武安君是杀神白起。

经过这一战，秦国学到两件事：第一，我们打不过李牧；第二，我们除了李牧，谁都打得过。于是根据这两点制定出了新的作战计划，李牧就一个人，我们每次出两路大军进攻赵国，他就没辙了吧？可是秦国对李牧能力的估计还是不足，李牧带着部队打完这边打那边，一个李牧就守住了赵国边界。几次惨败之后，秦国得出了新的结论：只要有李牧在一天，我们就攻不下赵国。打是打不过，只能靠阴谋诡计了。于是贿赂了赵国一个叫郭开的奸臣，让郭开造谣李牧谋反。赵王比较昏庸，听信谗言，一代名将没有死于杀敌的战场，却死于自己国君之手。

李牧一生未败，是完美的将领，治军的才能、将领的魅力、待士卒的仁厚，无一不具。他的战术不拘一格，或进攻，或防御，或两军对决，或出奇制胜，无一不能。汉文帝就曾感叹过："我要是有廉颇和李牧，还怕什么匈奴啊？"

纵观历史上完美的将领，死于反间计的或许比战死沙场的还多，真是令人扼腕叹息。

运筹帷幄之中，决胜千里之外——张良

张良，字子房，临汾市襄汾县龟山张相村人。也有一说是河南郏县人，一说安徽亳州人。

"运筹帷幄之中，决胜千里之外"这个流传千古的称号是刘邦送给张良的，刘邦当时说："夫运筹帷幄之中，决胜于千里之外，吾不如子房；镇国家，抚百姓，给馈饷，不绝粮道，吾不如萧何；连百万之众，战必胜，攻必取，吾不如韩信。"可见张良在刘邦心目中的地位。

刘邦在称呼这仨人的时候，只有叫张良用到了字（子房），其他人都是直接喊名，这是为什么呢？因为只有张良有字，萧何和韩信都是平头百姓，有个名就不错了。刘邦开始也没个正经名，就叫刘四儿

（季），而张良是韩国贵族，他的祖父和父亲共辅佐了五代韩国国君，还留下一个词叫"五世相韩"。当时贵族才有字，刘邦用字来叫张良，从侧面反应了他的身份。

刘邦对张良的确是非常欣赏的，而且他俩是互相欣赏，一个学富五车的贵族之后为什么能和一个大字不识的无业中年互相欣赏？这要从头说起。

张良他们家五世相韩，所以张良从小的志愿就是继续在韩国为相，可是这个美好的愿望被秦始皇给打破了，韩国第一个被秦国灭掉。张良非常愤怒，他变卖所有家产去寻找刺客，刺杀秦始皇。虽然没成功，但是却留下一个成语叫"误中副车"。后来张良就四处逃亡，最后到江苏躲了起来，还收留了一个杀人犯，这杀人犯可不是一般人，是后来鸿门宴上救了他和刘邦的项伯。

后来全天下到处斩木为兵、揭竿而起开始反秦，张良也招募了几百人加入反秦队伍。走到半道上就遇到了刘邦，俩人一聊，相见恨晚。因为张良曾得一本《太公兵法》，给别人讲别人都听不懂，只有刘邦一点就透，所以张良就认为刘邦是天赐之人，自此便跟着刘邦了。

虽然跟着刘邦，但是张良并没有放弃在韩国为相的想法，可是韩国已经没了，怎么办呢？要是一般人早就放弃了，可是张良有办法，他先说服了项羽，立了一个韩国后裔为韩王，又请刘邦帮忙给韩王打下十几座城池，这样张良就实现了相韩的愿望。不过刘邦也是有条件的，那就是虽然张良名义上是韩相，但是得继续跟着他，张良也愿意，所以他俩就继续打天下。

当时项羽立的楚怀王提出一个赌约，哪一路义军先打入关中，就是关中王。刘邦和项羽就开始竞争。

刘邦想的是，我长驱直入，只要打到了关中就行啊。打到宛城的时候，宛城拒不投降，刘邦就绕过宛城不打了，直接打下一个。但是张良说："不行，这样的话我们前面要应对更强大的秦军，后面还有宛城，不是腹背受敌吗？不如这样，我们刚刚绕过宛城，宛城已经放松了警惕，我们再趁夜绕回去，将宛城包围不就好打了？"刘邦觉得说得太有道理了，马上执行。到了第二天早上，宛城的郡守起床一看，宛城被围了个水泄不通，守城将军顿时感觉心如死灰打算自杀，后来被手下劝降了。在张良的妙计之下，宛城不战而胜，刘邦一路听从张良的计策迅速打入了关中，比项羽率先占领了秦的都城咸阳。

刘邦本想安逸地做关中王了，这时候张良问他："咱占关中项羽能乐意不？"刘邦当然知道项羽不乐意。张良又问："咱打得过秦军，打得过项羽吗？"刘邦是个有自知之明的人，虽然不情愿但是很老实地说："打不过。"张良建议他还军霸上迎楚霸王项羽入关，这样才不至于被项羽灭了。但是项羽的谋士范增早就看出刘邦是个心怀天下的人，不会满足一个小小的关中王，于是要求项羽摆下鸿门宴把刘邦杀了。关于写鸿门宴的故事的文章太多了，这就不细说了。总之还是多亏张良和同张良有过命交情的项伯，刘邦惊险地度过了鸿门宴。

秦朝已经灭亡，天下暂时太平，刘邦被封到了巴蜀做汉王，而张良也要回去做韩国的国相了。临别之际刘邦当然百般不舍，不过张良虽然走了，却给刘邦日后争霸天下留下一条妙计，这就是流传后世的明修栈道、暗度陈仓。

张良首先建议刘邦再去巴蜀的时候把沿途的栈道都烧掉，这样好让项羽安心，不会再来打刘邦。然后休养生息储备力量，等时机成熟的时候，派人大摇大摆地修理栈道，这个栈道没有三年五载是修不好的，可以让敌军放松警惕，再偷偷地从陈仓进军关中，便可图霸天下了。

果不其然，刘邦平定三秦就和张良写的剧本一样。不过张良没想到的是项羽把韩王杀了，张良相韩的愿望到此终结，于是张良继续辅佐刘邦建立了中国最强盛的大汉王朝。

看得出来，张良不需要亲临战场便能把握战场形势，甚至战事未来的走向也尽收于胸，人在韩国，就已经制定出未来刘邦从巴蜀平定三秦的战术和战略，不愧于"运筹帷幄之中，决胜于千里之外"的称号。在民间，张良早已被神化，相传把《太公兵法》传授给张良的黄石公便是得道的仙人，张良更是有未卜先知之能。而在临汾的龟山张相村，张良则是他们的先祖，每年农历三月二十八，都会在此举行祭祀先祖张良的庙会，附近十里八村的村民都纷纷赶来烧香、朝拜。

汉初十八功侯——柴武

大风起兮云飞扬，威加海内兮归故乡，安得猛士兮守四方！

——刘邦

刘邦一首《大风歌》展现了英雄气概，而刘邦也的确收了不少猛士逐鹿中原，镇守四方。鼎鼎大名的汉初三杰萧何、张良、韩信自不必说，还有猛将如周勃、曹参、樊哙等。

但今天要说的是位列汉初十八功侯的大将军柴武。

柴武，又名陈武，临汾人。

在秦末汉初那个群雄并起、人才辈出的年代，柴武的威名似乎被其他人更耀眼的光芒所掩盖了，但是能位列汉初十八功侯，柴武也不是徒有虚名。

太史公没有给柴武立传，他的事迹多是出现在其他人的传记之中。

秦末陈胜、吴广起义，斩木为兵，揭竿而起。柴武的队伍也是众多起义军之一，后来遇到了高祖刘邦，就加入了他的麾下。不得不佩服刘邦招揽人才的能力，见一个收一个，反观项羽那边则是众叛亲离。可见领导需要的不是多么高的能力，而是用人的胸怀。

那时的柴武还很年轻，具体多年轻无法考证，但是管刘邦叫大爷（伯伯）应该没什么问题。从此柴武就跟着刘邦东征西讨，立下不少功劳。在领军攻破齐国时立下大功，被封为棘蒲侯，之后更是在韩信摆下十面埋伏围杀项羽的时候，柴武作为其中一面，与高祖刘邦并肩作战。

好不容易跟着高祖刘邦统一了中原，后续的事却还有一大堆。

在刘邦分封的诸侯里还有一个叫韩信的。不是汉初三杰之一的韩信，史学界为了便于区分，一般叫他韩王信，韩王信的封地处边境，经常和匈奴打交道。当时的汉朝还远没有汉武帝时期的强悍，经常是被匈奴按着打。不知道是韩王信被匈奴打怕了还是早就有异心，和匈奴勾结想要攻打刘邦。

这个在历史上非常出名的事件叫作白登之围。高祖刘邦被冒顿单于困在白登山，无法脱身。这时候形势非常微妙。冒顿单于等着韩王信一起来夹击刘邦，可是一直没等来。刘邦被围多日已经是焦头烂额，打算焚毁珠宝和匈奴鱼死网破。这时候，陈平一看时机到了，就和刘邦说："珠宝都给我，我来想办法。"陈平拿着珠宝贿赂了冒顿单于的阏氏（阏氏就是单于的老婆），让她说服单于不要把汉军逼到绝路上。冒顿单于的阏氏真是一个做说客的好手，她跟单于说："我们游牧民族逐水草而居，又不种地，打下汉军又有什么用，再说这个韩王信一直没来，汉人狡诈，是不是他假装投降其实要里应外合攻打我们？不如留着刘邦，让他年年给咱上供多好。"冒顿单于一听觉得阏氏说得在理啊，就没有把刘邦灭在白登山。

在这左右历史进程的时刻，韩王信为什么没来呢?

因为韩王信被柴武给灭了，韩王信和冒顿单于相约一起攻汉，并说好了汇合地点，就是白登山。但是没想到韩王信碰到了棘蒲侯柴武，柴武先是写了一封情深意切的信劝韩王信投降，虽然韩王信没有投降，还是在回信写道他也是有罪在先，不得已而为之，只能一条道走到黑。

这里就可以看出柴武用兵的厉害，攻心为上。一封信瓦解了韩王信的气势。于是柴武大破韩王信和匈奴的联军，攻下参合城，将韩王信斩杀。

因为柴武比较年轻，直到文帝时期都是武将的骨干。在卫青和霍去病没有出生的年代，一直是防守匈奴的大将，官拜至大将军。文景时期正是大汉休养生息的重要时期，而且和匈奴采取和亲的政策，这位大将军柴武并没有太多的用武之地。柴武曾经向汉文帝提议攻打南越和朝鲜，但是汉文帝说："咱大汉刚被吕后折腾了一遍，现在又去攻打南越和朝鲜，让百姓再受战乱的影响，还是算了吧。"

因为刘邦打天下的时候柴武还太年轻，汉朝建立之后又多是平叛，所以柴武一生之中没有太多让人津津乐道的事迹，是一个声名被后世埋没的大将军。

但是其在关键节点上击败韩王信，在文帝时候防守匈奴的功绩，也足以值得我们纪念。

老庄思想的贤后——薄姬

吃我百姓的粮食都吐出来！

薄姬，临汾市洪洞县曲亭镇薄村人，汉高祖刘邦的嫔妃，也是汉文帝的母亲。

史书上记载薄姬祖籍是江苏，不过据我考证薄姬估计没怎么在江苏待过，薄姬的父亲是江苏人，但是也没在江苏待着。当时正是秦朝末年，连年战乱，薄姬的父亲跟着魏豹跑到了临汾，并且与魏国的宗室之女私通，生下了薄姬。

这里就要解释一下，魏豹本是魏国宗室之后，在秦末的时候自立为魏王，恢复了魏国。而临汾在战国时期就属于魏国。所以薄姬祖籍虽然是江苏，却是个土生土长的临汾洪洞县曲亭镇薄村人，薄村在民国时期村南门楼还有"太后故里"题匾遗迹。

　　费尽心力地考证薄姬的故里，无非是希望我们临汾人能为之自豪，因为薄姬对中国历史的影响不亚于大多数的君王。

　　先说说薄姬是怎么跟着刘邦这个影响她一生却又没见过几面的男人的。薄姬的母亲是魏国宗室，生下的薄姬更是亭亭玉立，所以就把她送给刚刚恢复魏国的魏豹。高祖刘邦灭魏之后薄姬就当了俘虏，进了织布车间当纺织女工。高祖刘邦闲来无事就去女俘房干活的车间里面淘宝，还真就淘到了薄姬，把她纳入后宫，然后就没有然后了。

　　薄姬这个人与世无争，绝对是宫斗剧里能活到最后的典范。话说薄姬在宫里时与管夫人和赵了儿两个好姐妹约定"先贵无相忘"，和陈胜当年的"苟富贵勿相忘"颇有几分相似。这管夫人和赵了儿正是高祖刘邦跟前的红人，在高祖面前以此事做笑谈，没想到竟令高祖十分同情，当晚便宠幸了薄姬，高祖真是个"博爱"的人。

　　之后薄姬就生下了汉文帝刘恒。

　　薄姬有了孩子就更加不问世事了，除了带孩子就是学习《老子》，也的确只有《老子》的处世哲学才可以让薄姬安于平淡，不参与宫中的争斗。汉文帝刘恒八岁的时候被封到代，薄姬兴高采烈地就带着孩子走了。薄姬没想到的是这份不与天下争的性格不仅救了她和孩子一命，还让她日后身份显赫。

　　刘邦死之后吕后专权，开始排挤刘邦其他的嫔妃和皇子，这些嫔妃皇子们基本被吕后屠戮殆尽了，只有薄姬几乎是空气一样的存在，安安稳稳地过着小日子。

　　吕后独揽大权之后一直倒行逆施，大汉的臣子们终于受不了了，不在沉默中爆发就在沉默中死去，一票大汉的肱骨之臣联合起来推翻了吕后。吕后是没了，但是之后的大汉该由谁来掌管成了一个问题。其实吕后的儿子刘盈非常仁善，但是因为被残暴的吕后管着，并没有机会施仁政于天下。这一票大汉的肱骨之臣更是一朝被蛇咬十年怕井绳，立志要找一个母亲比较善良的皇子为帝。

《史记·外戚世家》中记载："大臣议立后，疾外家吕氏彊，皆称薄氏仁善，故迎代王，立为孝文皇帝。"意思就是大臣们特别忌惮当年的吕后，都说薄姬比较温柔，所以就迎代王入朝。刘恒能当上皇帝竟然是因为她的母亲比较温柔善良，也是让人感慨造化弄人了。

汉文帝刘恒开创了中国历史上著名的"文景之治"的美好时代。史书记载，当时百姓安居乐业，国库里的粮食多到烂掉。这样的盛世和薄姬信奉的黄老之道是有很大关系的，因为薄姬的影响，汉朝初期一直以道家思想治理天下，才在连年的战乱后得以休养生息。薄姬也就是薄太后被后世称为一代贤太后。

关于薄姬的仁善还有很多传说故事。有一年河南闹蝗灾，薄太后执意亲自前往赈灾，薄太后看见蝗虫啃食百姓的粮田大怒，就开始吞食蝗虫，以至于蝗虫吃得太多身亡了。这当然是传说，我认为薄太后还是很理智的一个人，不会吃蝗虫吃死的。但是她身赴河南赈灾是确有其事，河南百姓为了感谢薄太后，还为她修了一座薄太后庙，年年香火不断。

一手制造了史上最强外戚——平阳公主

　　临汾古称平阳是临汾人都知道的，平阳也是临汾的符号之一，临汾最早的广场叫作平阳广场，而平阳这个名字自古以来便有，古到什么时候呢？上古时期，尧建都于平水之北，古人以山之南、水之北为阳，都城建于平水的北边所以就叫作平阳。

　　临汾有两位平阳公主，而两位平阳公主都是因为封地在临汾，所以都被称为平阳公主，她们本身都不是临汾人，但是都嫁到了临汾。这两位公主都大有来头，一位是汉景帝的长公主，也就是汉武帝的大姐，一位是唐高祖李渊的三公主，也就是唐太宗李世民的三姐。我们这篇就说第一位平阳公主。

这一位平阳公主虽说是汉武帝的大姐，但是一生却颇为坎坷，还在汉景帝在位的时候她就被封为阳信公主，后来嫁给了汉代开国元老曹参的曾孙曹寿，曹寿的封地在平阳，爵位是侯爵，古代一般都习惯把封地放在称谓前面，所以又叫平阳侯，而阳信公主自然就成了平阳公主。曹寿名字里带个"寿"字，应该是父母对他寄予了长命百岁的美好愿望，但往往事与愿违，曹寿年纪轻轻就死了，平阳公主守了寡。

虽然守了寡，但是平阳公主是汉景帝的长公主、汉武帝的亲姐姐，自然不愁嫁。在汉武帝的撮合下，平阳公主又嫁给了另一个开国元老夏侯婴的曾孙夏侯颇。可惜家门不幸，夏侯颇跟自己亲生父亲夏侯赐的姬妾有染，被发现之后畏罪自杀，平阳公主二度守寡了。

接下来的故事就越发传奇了。平阳公主和弟弟汉武帝的关系非常要好，经常帮弟弟物色一些绝世美女，其中有一位就是后来当了皇后的卫子夫。卫子夫也是临汾人，卫子夫的故事会在她的篇章里详细地讲，简单说就是汉武帝看上了卫子夫，之后因为卫子夫的关系提拔了她的弟弟卫青。有一次还在建章宫当差的卫青被人暗害，汉武帝大为震怒，为了不让小舅子被人欺负，就把他升职为侍中。后来卫青做了大将军，汉武帝又把姐姐平阳公主嫁给了他。这次嫁的虽不如之前那么家世显赫，但是卫青抗击匈奴的功绩可谓前无古人后无来者。可能有人会问，古代不是三从四德吗？为什么平阳公主可以一而再再而三的嫁人？其实汉唐时候女性的地位和权益还是相对高的，直到宋这个不争气的朝代开始，才对女性有各式各样的桎梏。

话说回来，卫青之所以能娶到平阳公主可不一定全是汉武帝的功劳，估计更多的是平阳公主的意愿。此事说来话长。卫青的母亲是平阳公主第一任老公平阳侯家中的奴婢，名字已经不得而知，后人称之为卫媪，媪就是老太太的意思。传说卫媪非常美丽动人。她在平阳侯家里工作的时候被一个叫郑季的小官看到，一见倾心。这时候卫媪已经是四个孩子的母亲了，郑季好歹也是个地方官员，按理说应该见过点世面的，然而却对卫媪一个半老徐娘一见倾心，可见卫媪不是一般的漂亮。一来二去就有了卫青，因为卫青是私生子，所以跟母亲的姓。

卫媪已经有了四个孩子，而且身为奴婢，家境贫寒，就把卫青送去生父郑季家中去。可卫青是个私生子，在郑季家经常被欺负。年龄大了以后，卫青就回到了母亲身边，并且给平阳公主做了保镖。卫媪是个美人，卫青的姐姐更是美得倾国倾城，估计卫青的颜值也绝对远超常人，卫青的人品在历史上又是有口皆碑的。这样一个人在平阳公主身边，要说不心动也难，之后平阳公主的种种表现也能看出她对卫青是另眼相待的，甚至可以说，她和卫青的结合是她三次婚姻中唯一一次不是因为政治，而是因为爱情。

可惜卫青四十多岁就死了，平阳公主没有再改嫁，她要求死后与卫青合葬于汉武帝的茂陵（西汉的合葬制度不同墓，只在近处即可，平阳墓冢约在卫青墓东侧 1300 米处），平阳公主死后陪葬于茂陵。

平阳公主在汉武帝时期对政治有巨大的影响，特别是进献卫子夫更是影响了中国的历史；她两次嫁人都和临汾有关，可谓和临汾渊源极深。

大将军——卫青

从军行

大将军出战，白日暗榆关。

三面黄金甲，单于破胆还。

——王昌龄

卫青，字仲卿，临汾市青城村人，汉武帝时期大将军。

临汾在汾水之阳，古称平阳。卫青的老婆就是大名鼎鼎的平阳公主。

卫青是大将军，所以在很多艺术形象中都是一个外表粗犷的大汉，其实笔者通过考证认为，卫青长得非常秀美。

首先，卫青的基因很好，他妈本身就是个美女，他姐姐卫子夫更是闭月羞花，从遗传上来说卫青就是帅哥。

其次，汉武帝和平阳公主都是外貌协会的，特别是汉武帝在卫青展现出军事才能之前就对他青眼有加，所以卫青肯定不是一般的帅。

卫青和姐姐出身贫寒，卫青的母亲本是平阳公主家里的仆人，和一个来串门的小吏郑季偷情生下了卫青，卫青被送去郑季家不受待见，经常被人欺负，所以后来就回到母亲身边，跟了母亲的姓，在平阳公主家里谋了份骑奴的差事，陪公主骑马。

后来因为姐姐卫子夫被汉武帝看上了，随后卫青也被调到了汉武帝的建章宫当差。所谓人红是非多，有人嫉妒受宠的卫子夫就拿卫青开刀，打算杀了他。可是卫青人缘极好，有几个生死兄弟，其中有一个叫公孙敖的带人冒死救下了卫青。之后姐夫汉武帝知道了这事大为震怒，处置了行凶者，还把卫青安排到自己身边。为了保护卫青就把他调到自己身边。卫青的人生从此彻底改变了，深得姐夫喜爱的卫青有机会与姐夫一起探讨兵法韬略，之后更是被姐夫派去迎击匈奴。

公元前128年，汉元光五年，匈奴大军来袭，攻至上谷，即现在的河北省西北部。汉武帝派出四路大军迎敌，卫青、公孙贺、公孙敖、李广各领一万骑兵。

卫青一战成名。

公孙敖被打得折损七千骑兵，李广被俘，公孙贺没找见匈奴在哪。而卫青领着一万铁骑直接杀到了匈奴的中心龙城，斩首数百大胜而归。

公孙敖被匈奴斩杀七千，卫青只斩首数百人为什么就说卫青是大胜了呢？因为卫青之前汉朝打匈奴基本上就没赢过，年年打，年年输，屡战屡败，好在大汉朝国富民强输得起。卫青这个看似一般的战绩对于当时大汉朝来说可谓是绝无仅有的，他证明了大汉能打赢匈奴。汉武帝更是乐得从床上跳起来，兴奋得好几天睡不着觉。卫青更是发明了一套很可怕的战术，原来和匈奴打仗总吃亏是因为匈奴的机动性特别强，汉朝军队想打匈奴不一定找得见，匈奴想打汉军一打一个准。现在卫青同样利用骑兵的优势神出鬼没，总能在意想不到的地方给予匈奴重击，他外甥霍去病更是把这套战法发扬光大。

自卫青出战以来，汉和匈奴的斗争彻底逆转，到汉与匈奴漠北决战的时候，卫青已经成了大将军，卫青和外甥霍去病各率领五万骑兵与匈奴决一死战。这一仗打得匈奴主力一直跑到欧洲再没敢回来，其余草原的游牧部族更是十几年间再没敢踏入中原一步。更有一说是卫青赶跑的匈奴一路向西打去，打败了日耳曼人，日耳曼人无家可归只好灭了东罗马，震动了整个欧洲。

卫青是一个完美的大将军，不但用兵如神，而且非常爱兵。汉武帝对这个能大破匈奴的小舅子喜爱至极，对卫青大肆封赏以致封无可封，就把他的孩子都封了侯。但是卫青没有一丝居功自傲，将汉武帝的赏赐全都分给部下，对于得罪他的人也非常宽容。卫青还善于发现人才，提出"推恩令"来巩固汉朝统治的主父偃就是由卫青推荐给汉武帝的。

百战百胜，善待士卒，绝不居功，还有比这更完美的大将军吗？

想一下卫青的出身，从小没过几天好日子，好不容易出人头地了，却没有一丝的嚣张跋扈，如此的品行，真是英雄不问出处，富贵当思缘由。

自古临汾出美女 —— 卫子夫

生男无喜，生女无怒，独不见卫子夫霸天下！

——卫皇后歌

卫子夫，临汾市青城村人，汉孝武卫皇后，也就是汉武帝的老婆。

《卫皇后歌》最早记载于《史记》，后来被收录到《乐府诗集》中，"生男无喜，生女无怒"听着给人很熟悉的感觉，特别像"只生一个好，生男生女都一样"的计划生育口号。

其实《卫皇后歌》是想讽刺靠出嫁女人就全家鸡犬升天的人们。但是卫子夫全家的尊贵却不是因为卫子夫嫁给了汉武帝，反倒是因为她的弟弟卫青和侄子霍去病为大汉立下的赫赫军功。卫子夫虽然成全了一众外戚，但却是利国利民的好外戚。

讲卫青的时候说过卫青家境贫寒。卫子夫是卫青的同母异父姐姐，也是一样的。他们的母亲是平阳侯家里的家奴。卫子夫因为天生丽质，从小成了给平阳公主唱歌跳舞的歌舞姬。

平阳公主是个好姐姐，喜欢帮弟弟汉武帝搜罗美女，等弟弟来了就把美女们给弟弟选，汉武帝一个都没看上，之后没啥事就一边聊天一边看表演呗，就和咱们一边聊天一边看电视一样。等卫子夫出来跳舞，一下就把汉武帝惊艳到了。

在汉武帝换衣服的时候，平阳公主就很识趣地派了卫子夫去服侍汉武帝更衣，这么好的机会汉武帝这样的"明君"当然知道把握，之后还赏赐了平阳公主千金。平阳公主更是乘机说："那你就把子夫带回去吧。"还抚着子夫的背说："等你飞黄腾达了，可别忘了我啊。"（卫子夫还真没忘，之后卫青能和平阳公主结婚肯定有卫子夫的功劳）

卫子夫没想到的是跟汉武帝回去之后，等了一年多都没见着武帝，非常幽怨。突然有一天汉武帝想起来卫子夫，就去找她。没想到卫子夫一见他就梨花带雨地哭起来，还闹着要回家，就好像闹情绪的女朋友说："你这儿太无聊了，人都见不着，不在你这待了。"

汉武帝此时的感情应该是非常复杂的，我估摸包含新鲜、有趣。简单说就是有个喜欢你的小女生跟你撒娇发脾气，让汉武帝找到了初恋的感觉。

然后汉武帝就连哄带骗把卫子夫留下，还怀了孩子，卫子夫的地位也因此越来越高。汉武帝本来有个皇后叫陈阿娇，不怎么受武帝待见，加上他特别喜欢卫子夫，所以就暗地里找阿娇的毛病。陈阿娇的毛病其实还挺多的，被汉武帝抓到一个大的罪证，恰好卫子夫又生了汉武帝的长子，汉武帝就直接把陈皇后换掉，然后开心地立了卫子夫为皇后。

汉代早期还没有过于强大的门阀观念，平民女子也可以嫁入宫门，甚至被立为皇后。汉文帝的妻子窦皇后也是一位平民百姓家的女子。也正是因为这样，才有卫青、霍去病这样利国利民的外戚。如果只能从贵族中娶妻的话，外戚则更容易昏庸无能、争权夺利，这和为什么科举制度比九品中正制更好一样。过分的门当户对造成的结果是多元化的丧失，特别是现在这个跨界竞争、信息爆炸的时代，多元化的丧失就相当于竞争力的降低。

卫子夫和卫青都是能力出众且仁厚温良的人。后宫在卫子夫的管理下井井有条、风平浪静，没有太多宫斗剧里的乱七八糟。在《史记》中记载的十余名后妃中，卫子夫是唯一得到太史公赞美的一位。

卫子夫的弟弟卫青是大将军，外甥霍去病是骠骑将军，另一个外甥霍光是大司马，地位稳如泰山，估摸着一般的嫔妃也不敢招惹她吧。

晚年的卫子夫遭人陷害被汉武帝误解，自杀于宫中。结束了跌宕起伏，精彩又悲剧的一生。汉宣帝时追谥思后。

无论怎样卫子夫这个出自临汾青城村的平民女子在汉朝的历史上有着浓墨重彩的一笔，更是引出了汉朝强大的关键人物。

北击匈奴三千里——霍去病

想当年，金戈铁马，气吞万里如虎。元嘉草草，封狼居胥，赢得仓皇北顾。

——辛弃疾

霍去病，临汾市刘村镇高堆村人。西汉名将，冠军侯，封狼居胥，一生未败。

说到霍去病，可得讲讲他们家神奇的家谱。卫青是霍去病的舅舅，霍去病的母亲是卫青和卫子夫的姐姐卫少儿，霍去病是卫少儿和霍仲孺的私生子，卫青也是私生子，可见他们家有生私生子的传统，更神奇的是这舅甥两位私生子都是一代名将。私生子的事这里多说一句，虽然不提倡去生私生子，但私生子也不用自卑，这不是有两个好榜样吗？

或许是有和舅舅卫青相似的出身，霍去病从小就把舅舅当成偶像。不过和卫青小时候遭受的落魄、欺辱不同，霍去病虽然是私生子，但是沾了小姨卫子夫和舅舅卫青的光，从小就在宫里接受教育，过着锦衣玉食的生活。

因为有舅舅这个好榜样，霍去病并没有成为一个纨绔子弟，而是从小就勤练骑马射箭，把驱除匈奴当成自己的理想。

有这样梦想的好儿郎自然受汉武帝待见，所以十八岁的霍去病就成了汉武帝的侍中。侍中职位不高，但是属于皇帝直接管理，相当于皇帝的跟班。霍去病也没天天跟着汉武帝，因为善于骑射，汉武帝就早早让他跟着卫青出征匈奴。

霍去病非常受汉武帝的赏识，汉武帝特地交代卫青给霍去病一支队伍让他带。卫青是霍去病的亲舅舅，能给差的吗？自然精挑细选了精锐中的精锐，将八百骑交给了霍去病。

进军匈奴的时候卫青带领大部队寻找匈奴单于的主力军决战，汉军和匈奴打仗很吃亏的原因就是永远不知道匈奴主力部队在哪。这是游牧民族的优势，居无定所，总会突然冒出来打得汉军措手不及。所以寻找匈奴部队是个很艰难的事。

霍去病年轻气盛，嫌跟着大部队找匈奴太慢了，受不了，于是自己带着八百精锐远离大部队几百里寻找匈奴。正巧赶上卫青吸引了匈奴单于的主力，霍去病这一路啥也没碰见，一直找到匈奴总部龙城，匈奴主力不在，龙城空虚，被霍去病靠着八百骑兵歼敌两千余人，而且俘虏了单于的好多亲戚，单于的大爷、姑姑都被霍去病抓回来了。

这是当时汉军俘获的最高级别匈奴俘虏，汉武帝龙颜大悦，封霍去病为冠军侯。我们现在管第一名叫冠军就是取自霍去病封侯的故事。说起来霍去病虽然大胜，但其实非常凶险，因为八百骑兵要真是遇上了匈奴主力肯定是必败无疑的，但是霍去病却靠这次胜利积累了经验。从此霍去病用兵神出鬼没，经常是奔袭千里作战，不再是汉军找不见匈奴，而是匈奴不知道什么时候霍去病会神兵天降，甚至不带粮草辎重，能打赢匈奴就抢匈奴的粮食，打不赢就跑。霍去病所带的部队一般不会太多，却全是精锐，所谓兵贵精不贵多，靠着神鬼莫测用兵策略，霍去病变成了匈奴心中噩梦一样的存在。

不到两年时间霍去病便战功无数，从票姚校尉升到了骠骑将军。

两次河西之战是霍去病戎马生涯中最为精彩的两次。

第一次河西之战霍去病率领一万铁骑从陇西出发，六天之内转战千余里，连破匈奴五国，之后又翻越焉支山，在皋兰山与匈奴主力决战。霍去病率领着已经连续作战多日的汉军铁骑以寡敌众，斩杀匈奴折兰王、卢侯王，歼灭匈奴八千余人。这一战打得可谓天昏地暗，匈奴损失惨重，连祭天用的金人都被霍去病缴获，跟着霍去病的汉军铁骑归来的也只有十分之三。

第二次河西之战不再是霍去病一支部队去了，而是李广和公孙敖各率一支队伍策应霍去病，但是公孙敖在大漠里走迷了路，李广被围。最后还是霍去病一支部队孤军深入敌后两千余里，越过祁连山与匈奴两大主力浑邪王、休屠王大军开战。真的是神兵天降啊！可以想象一下，浑邪王和休屠王的内心是何其崩溃啊！这离着两千多里呢，怎么突然冒出来这么一支凶神恶煞的汉军？这一战霍去病歼敌三万余人，迫降单桓王、酋涂王及相国、都尉等二千五百人，俘虏王及王母、单于阏氏、王子五十九人，相国、将军、当户、都尉六十三人。汉军仅伤亡三千余人。浑邪王、休屠王败逃。

浑邪王和休屠王估计是被霍去病打出了心理阴影，二王虽然逃走了，心里反倒更害怕了，决定投降。霍去病仅率几名随从去四万匈奴大军之中受降，就在这个时候匈奴军大量将士哗变拒绝投降，然而霍去病临危不乱，以惊人的气势命令二王斩首哗变的士兵。这时候二王要是想杀了霍去病可是轻而易举，可能他们的心理阴影太大，愣是没敢下手，乖乖地服从霍去病的安排镇压了哗变。

河西二战之后匈奴有了这样一首歌谣："亡我祁连山，使我六畜不蕃息；失我胭脂山，使我妇女无颜色。"祁连山水草丰茂是匈奴放牧的好地方，焉支山盛产的红花可以做化妆用的胭脂，所以又叫胭脂山。

到漠北决战的时候，霍去病已经是战无不胜、攻无不克的战神了，漠北决战原计划由霍去病决战匈奴单于，卫青对阵匈奴左贤王，让霍去病异常郁闷的是因为情报有误，决战的对象跟他舅舅的掉了个儿。

霍去病以摧枯拉朽之势打垮左贤王之后继续寻找匈奴单于，可是当时通信不发达，霍去病又奔袭速度惊人，他一直打到现在的俄罗斯贝加尔湖才回来。途中经过狼居胥山的时候，霍去病举行了祭天仪式，这就是历史上有名的封狼居胥，代表着这一片都是大汉的地盘。自此之后封狼居胥一直是华夏武将的最高荣耀。

可能是天妒英才，在漠北决战之后的第三年，霍去病因病去世，享年二十四（虚岁）。

这就是为我们留下"匈奴未灭，何以家为"，生如夏花之绚烂的霍去病的戎马一生。

汉麒麟阁十一功臣之首——霍光

霍光，字子孟，今临汾市尧都区人，霍去病的弟弟，汉麒麟阁十一功臣之首，汉昭宣中兴三朝元老。

说到霍光就必须理一理他们家错综复杂的关系了。霍光是霍去病的同父异母弟，卫青和霍去病的母亲是同母异父姐弟，卫子夫是卫青的同母异父姐，所以霍光和卫青按理说也是外甥和舅舅的关系，但是却没有血缘关系。

就是这么奇葩的一家人左右着汉朝的兴衰。

虽然到现在霍光的知名度不如卫青和霍去病，但是其在历史上发挥的重要作用却毫不逊色，否则也不会被汉宣帝列为麒麟阁十一功臣之首。后世经常把麒麟阁十一功臣、云台二十八将、凌烟阁二十四功臣并称，因为这些都是把功臣的画像挂在一个纪念他们的殿堂里，有点英雄纪念碑的意味。

霍光的哥哥霍去病在一次出征匈奴的时候路过老家与生父霍仲孺相认，把霍仲孺这个不负责任的父亲吓了个够呛。但是霍去病还是非常念及血缘亲情，在霍去病胜利而归的时候把霍光带回了西安。

不知道他们家基因好还是汉武帝就待见他们家人，总之霍光也是年纪轻轻就成为侍中，常伴武帝左右，深得信任。

后来呢，汉武帝也玩了一出很复杂曲折的废长立幼的故事。虽然历史上很多臣子都反对废长立幼，但是我觉得情有可原，因为有的儿子长大了之后，皇帝看着他感觉也就那么回事，而且长大了还不听话，反倒是小儿子能给人以希望，更何况皇帝更喜欢幼子年轻漂亮的母亲。

总之汉武帝和钩弋夫人的儿子汉昭帝继位了。

霍光是从小跟着汉武帝长大的，是汉武帝最信任的人。所以汉武帝临终前把职位是大夫的霍光破格提拔为大将军、大司马，辅佐幼主。其余还有金日磾、上官桀、桑弘羊，共四位，以霍光为首。大将军、大司马就是军政两界的最高职位了，霍光一瞬间成了一人之下万人之上的大人物。当时的汉昭帝只有八岁，基本上都是听霍光的。

汉昭帝继位的时候，汉帝国因为和匈奴多年战争已经是国库空虚、民不聊生。为了能继续与匈奴对抗，征收的苛捐杂税非常之多，导致民怨沸腾，各地农民起义甚多。霍光很清醒地知道目前的形势，再不好好整顿一下大汉说不定就毁在这一代了。所以他首先减轻赋税，发展农业让老百姓可以安居乐业，起义的事自然也就没了。之后又选贤任能，加强中央对地方的控制。一系列的措施下来，恢复了汉帝国的国力，实现大治。后世把这一时期称为昭宣中兴，又叫昭宣之治。

昭宣中兴得以实现很重要的一个原因是君臣之间的信任，因为当时的汉昭帝年龄太小，眼前四个辅政大臣再加上文武百官该听谁的呢？

当时同为辅政大臣的上官桀、桑弘羊联合盖长公主、燕王刘旦等共同结成反对霍光的同盟，假托燕王名义趁霍光休假的时候向汉昭帝上书诬陷霍光有不臣之心，并内外接应，打算一举擒杀霍光。

可是年仅十四岁的汉昭帝不为所动，还安抚霍光，并将诬陷霍光一事彻查到底。之后这帮人贼心不死打算发动政变，被霍光先一步察觉一网打尽。这时候的霍光可谓权倾朝野，再没有人可与他抗衡了。然而霍光并没有不臣之心，还是兢兢业业地辅佐汉昭帝。

许多王朝都因君臣之间的不信任而衰落，比如岳飞和赵构、袁崇焕和崇祯。现在很多企业难以发展，甚至是破产也是各层级之间的不信任以至于资源虚耗造成的。霍光当时面临的情况可谓是危机四伏，汉朝本就国力空虚，再加上内斗，残存的匈奴势力蠢蠢欲动，若没有君臣之间无比的信任，很有可能一场莫大的动乱就要发生。但是在汉昭帝对霍光的无比信任之中，这场危机化解于无形。

不过汉昭帝英年早逝，二十一虚岁就死了，而且没有儿子。霍光只好为大汉再立一位明君。

霍光先是找了汉武帝的孙子刘贺为帝，可是观察了几天之后，发现不行，这不是一个能成事的人。于是把刘贺废了。又找到了因为被政治斗争波及已经流落民间的刘询，将他立为皇帝，就是昭宣中兴的汉宣帝。

虽然霍光废过一个刘贺，让人觉得他似乎有不臣之心，但是从结果上来看，废刘贺立刘询是个很好的选择，不然体察过民间之苦的汉宣帝又怎么能成为昭宣之治中的第二位好皇帝呢？

甘露三年匈奴彻底归降大汉，汉宣帝回忆往昔有功之臣，为了标榜和纪念他们的功勋，命人将他们的画像挂在长安未央宫的麒麟阁，霍光居首。

万里不惜死，一朝得成功。画图麒麟阁，入朝明光宫。

后世将进入麒麟阁作为人臣的第一荣耀。

文官会武术谁也挡不住——尹翁归

饶…饶命…

期年会有成，坐见鸣凤翔。

吾知尹翁归，治迹由平阳。

——宋·刘攽

凝香据案几何时，事事传来昔见稀。

生果神如包孝肃，死尤贫似尹翁归。

——宋·林希逸

兼材莫作尹翁归，自鬻崎岖不畏非。

妄役土龙宁得雨，可堪刍狗强蒙衣。

——宋·李之仪

尹翁归，字子兄，临汾市尧都区人，是汉代一位流芳千古的廉洁官吏。甚至汉书中都有他的传记，大将军柴武可都没有啊。宋朝喜欢赞颂他的诗人比较多，可能是宋朝特别的腐败不堪，更加渴望这样的好官吧。

尹翁归从小就失去双亲，跟他的季父一起生活，季父就是他四叔。古人把老大到老四分别称为伯、仲、叔、季。现在这样的孩子容易变成问题儿童，但是尹翁归可没有，他从小勤学苦练，不但通晓律法，还练得一手好剑法，史书中记载他剑一出手，人莫能当。

成人以后的尹翁归就做了个牢狱小吏。咱们之前写过霍光，尹翁归在临汾（平阳）做小吏的时候，正是昭宣中兴时期，霍光权倾朝野之际。霍光在临汾的亲属们免不了有嚣张跋扈的不良行径。霍家的家臣们更是仗着霍家的权势经常在街上打架斗殴，真是没出息啊。可是尹翁归管理此地之后，就再没人敢瞎折腾了。

根据我的分析，尹翁归这么一个小官敢收拾临汾霍家，有几方面的原因。

第一，霍家的家臣估计是真怕他，因为尹翁归秉公执法，谁的面子也不给，而且真动手也打不过他。

第二，霍家的家臣也是狐假虎威，这些事真让霍光知道，也未必轻饶他们。这个后面还会提到，霍光本身还是值得赞颂的。

第三，从武帝时期开始，汉朝就非常推崇这种能严刑峻法的官吏。

不光是霍家的家臣们，当地的商贾也怕他。其实在生活中，我发现有很多畏惧富商的人，这个大可不必，因为富商仅仅是比你有钱嘛，他的钱又不给你，你何必对他们畏首畏尾的呢？对富商畏首畏尾的人，多半是看上人家的钱了。所谓无欲则刚，从"死尤贫似尹翁归"这句诗里就可以看出来，尹翁归是一分钱贿赂都不收的，商贾们唯一所凭就是钱，尹翁归不稀罕，自然令商贾惧怕。

后来尹翁归离职在家闲着。赶巧了，霍光的亲信，官居河东太守的田延年到临汾视察。田延年把临汾以往的官吏聚在一起，让能文的站东边，能武的站西边，打算选拔一批人才。只有尹翁归跪在中间不起来。田延年就问："你咋不站队去啊？"尹翁归说："我尹翁归文武兼备，您看着安排。"田延年左右的人都觉得这人太狂妄了，但是田延年并不如此认为，将他带回了郡府任职。田延年是霍光的亲信，这里就可以看出来，霍光并没有因为尹翁归收拾他们家的家臣而对尹翁归如何，估计家里这些破事霍家人也没敢跟霍光说，霍光根本就不知道。

尹翁归跟着田延年干了一段时间之后，田延年觉得尹翁归太不简单啦，这尹翁归的才能不在我之下，就把尹翁归提拔为督邮，管理半个河东郡。之后尹翁归不停地升职，因为他到了哪儿，哪儿的百姓就安居乐业。

这期间有个同事想要把两个儿子托给尹翁归，让他给安置安置。可是跟尹翁归聊完之后，愣是没开口谈这事。他回去之后跟儿子说："你们俩不是像样的人，尹翁归这么贤明的官吏是容不下你们的。"我估摸着他也是害怕，别人还没怎么样，尹翁归先把他俩儿子收拾了。

尹翁归不光是清廉无私，能力也是异常出众，他跟电视剧里的包拯、狄仁杰一样，破案如神。尹翁归做东海太守（东海：山东郯城一带）的时候，当地如果有了盗贼，尹翁归会召集当地的县吏，告诉他们主犯是谁，然后去哪能抓住，县吏按他说的一抓一个准。史书里真是这么写的，我怀疑尹翁归是不是在对面安插了卧底。

史书评价尹翁归用刑法虽重，但为人却非常谦和、廉洁自守、语不及私，也从来不恃才傲物，到死的时候家里一点多余的财产都没有。

他死以后，汉宣帝发现他这么好的官员，非常感动，赏了尹翁归儿子黄金一百斤并让史官记下："朕夙兴夜寐，以求贤为右，不异亲疏近远，务在安民而已。扶风翁归廉平乡正，治民异等，早夭不遂，不得终其功业，朕甚怜之。其赐翁归子黄金百斤，以奉其祭祠。"

为妻子画眉的能臣——张敞

长安多偷儿，数辈老为酋。

居家皆温厚，出从僮仆游。

遂有长者名，闾里咸见优。

小偷时转轮，酋长日优游。

安知画眉人，一朝来见收。

——汤显祖

张敞，字子高，临汾市尧都区人，汉代能臣。

关于张敞有两件事特别出名，一是治盗，一是爱妻。

治盗就是治理盗贼，汉宣帝时期渤海、胶东一代盗贼猖獗，张敞就毛遂自荐上书宣帝要求去治理匪患，并说："小国中君犹有奋不顾身之臣，况与明天子乎？"意思是那些不咋地的国家和君王都有奋不顾身的臣子，何况您这么贤明的君主呢？这话说得汉宣帝特别开心，赏了张敞黄金三十斤赴渤海治盗，并准许他权益变通。权益变通就是可以不按规定来，因为张敞认为那边过于混乱，必须要有破格的赏罚才能起到立竿见影的效果。

果然张敞一到就实施了一系列针对治安的管理办法，特别是"开群盗令相捕斩除罪"。意思就是虽然你是盗贼，但是只要你抓了其他的盗贼，或者杀了其他的盗贼就可以免除你的罪，又是一个好市民了。这个办法特别奏效，首先看过《水浒传》就知道，谁愿意落草为寇啊，都是被逼的，就算是落草为寇了也盼着有招安的一天。其次，这里面利用了纳什博弈，盗贼们会想就算我不抓别人，我怎么知道别人会不会抓我呢？先下手为强，后下手遭殃，不如我先抓别人去，只要除罪就变成模范好市民了，也就不怕别人抓我了。所以这些盗贼争相抓贼立功。另一方面是之前对抓捕盗贼的官吏没有什么有效的奖赏，张敞本身就带了汉宣帝给的大把黄金，又启奏晋升抓贼有功的官吏。俗话说重赏之下必有勇夫，各级官吏也是争相治理盗贼，很快就再没有盗贼匪患了，管理勤于政事，百姓安居乐业。很多管理者抱怨下属不好好工作，真的应该学习一下张敞。

虽然张敞是一个治世能臣，但他并未因此出名，让张敞家喻户晓的反倒是一件温馨的小事——亲自给他的妻子画眉。虽然汉朝远没有宋以后对女子的各种压迫，大门不出二门不迈的，但是当时自由恋爱应该也很难做到，特别是张敞还出自官宦世家。虽然史书没有记载，但是多半也是被安排的婚姻，但这不妨碍张敞非常爱他的妻子，甚至亲自为妻子画眉。为什么要说甚至呢？因为在古代给妻子画眉似乎是一件非常不检点的事，张敞因为给妻子画眉的事还被人参了一本，直接举报到汉宣帝那。汉宣帝就问张敞："是不是真的啊？"张敞说："是啊，我听说在闺房之内，夫妻两人干的事比画眉可严重得多呢。"这个回答真是巧妙啊，意思是夫妻俩在房间里自得其乐，爱干什么就干什么，关别人啥事？这个很肤浅的道理，一直到现在还有很多虚伪的卫道者爱管别人闲事。汉宣帝爱惜他的才能，也没因为这事对他怎么样。但是张敞给妻子画眉的佳话却是流传甚广，还留下一个成语叫张敞画眉。

张敞没有因为才干名满天下，却因为画眉尽人皆知，想来有些令人唏嘘，但是能为广大的女性树立一个宠爱妻子的好丈夫的形象，张敞也不枉此名啦。

自古洪洞讲法制——郅都

郅都，外号"苍鹰"，临汾市洪洞县师村人，汉代出名的酷吏。

酷吏并不是一个贬义词，而是说他执法严明。汉文帝到汉武帝时期为了治理贪腐，启用了大量被称为酷吏的人，而郅都就是史书记载的第一人。

郅都曾在汉文帝身边做官，到汉景帝时期又在汉景帝身边。有一次汉景帝带着爱妃贾姬去皇家游乐园"上林苑"游玩，贾姬想上厕所，景帝和郅都就在外面等着。没想到贾姬进去之后，不知道哪儿来一只大野猪也进去了。景帝很担心爱妃的安全，就看着郅都，意思是："你去把朕的爱妃救出来啊。"郅都无动于衷。汉景帝没辙，你不去，那朕自己去吧，拔出宝剑就往里走。这时候郅都不干了，上去一把抱住景帝的大腿说："没有了贾姬还有别人，天下难道还缺美女吗？陛下就算不在乎自己，也要想想天下和太后啊。"汉景帝想了想，觉得有道理，就没去找野猪，万幸野猪也没伤害贾姬。

这事贾姬未必高兴，但是太后喜欢啊，当妈的当然心疼儿子，听说了郅都的行为后非常高兴，赏了郅都一百金。

此后汉景帝很器重郅都。当时济南郡有一户宗族是地主豪强，横行霸道，无恶不作，搞得济南郡人们怨声载道，当地的太守也奈何不得。于是汉景帝就派郅都去济南郡做太守。郅都一上任就把地主豪强的头子杀了，把其余的宗族都吓哆嗦了。之后他严刑峻法，到上任满一年的时候，济南郡已经是路不拾遗、夜不闭户，甚至临近郡的太守见了他名字都哆嗦。

郅都经常说："我抛家弃子去外地做官已经是对不起妻儿了，怎么能再对不起我这身官袍呢？"所以恪尽职守的郅都一再得到景帝的提拔，又回到了中央做官。因为他执法无情，中央的官员看见他也哆嗦，才给他起了个外号叫"苍鹰"。回到中央的郅都碰巧审理了临江王刘荣犯法的案子，刘荣请求郅都给他笔墨，好写信向景帝谢罪，但是郅都认为他作为囚犯没有这个权利，然后刘荣就自杀了。刘荣是太后的长孙，太后就迁怒于郅都，将他罢了官。

被罢官回家的郅都却收到了汉景帝送来的委任状，原来汉景帝知道郅都冤枉，所以瞒着太后又偷偷把他调到雁门关做太守，以震慑匈奴。

此时郅都严酷的名声已经传遍大江南北，以至于他一到任，匈奴就跑了。匈奴为了克服对郅都的恐惧，用木头做了个假郅都，然后对着它射箭，来练习面对郅都的勇气。但是匈奴人看见木头郅都都害怕，没一个能射中的。直到郅都死，匈奴人都不敢靠近雁门关。但是匈奴人却出了阴招，把事情捅到太后那去了。太后听说他又去做了雁门关太守更加生气，强迫汉景帝杀了郅都。

以郅都为代表的酷吏不畏强权、严刑峻法，以至于很多人见了他们都哆嗦，若是问心无愧何必惧怕一个清廉的好官呢？正是有这样一批贪官见了哆嗦，百姓见了爱戴的酷吏，才有汉代的文景之治和昭宣中兴吧？

至今洪洞县师村村民每年清明节都在郅都的坟上烧纸，纪念这位严峻、清廉的"酷吏"。

白波谷义军——郭大

　　郭大，也可能叫郭泰，临汾人。名字的问题，因为史料不全，说不清楚了，东汉末年起义军白波军领袖。

　　"苍天已死，黄天当立"是开启东汉末年群雄并起这样一个精彩时代的口号，郭大就是响应了太平道张天师的号召，加入了这场声势浩大的起义运动。

能吃饱饭，谁还去干起义这个危险系数颇高的事业呢？东汉末年的百姓们生活在水深火热之中。但是包括张角、刘备等这些群雄其实并没有真正的道义可言，因为乱世的本质是丛林法则，生存才是唯一的正义。只有平定乱世的，给百姓以安稳生活的人才是值得称颂的。虽然毁灭一个让百姓难以生存的社会从历史的角度来看也是有意义的，但是纵观中国的历史毁灭旧时代的人，往往不具备建立新时代的能力，比如陈胜、吴广或者张角、李自成。

郭大在张角起义的时候就加入其中，后来张角起义失败，郭大在白波谷起事，仍以黄巾军为宗。白波谷就在山西临汾襄汾县永固东，郭大多半可能是当地人，所以才能有如此的号召力。总之郭大在白波谷振臂一呼便聚众十万，以摧枯拉朽之势攻下临汾（河东）和太原，直逼洛阳。

一代恶霸董卓见郭大的白波军来势汹汹，就派女婿牛辅出战，被郭大打得丢盔弃甲。估计牛辅在董卓的心里还是很有分量的，董卓没想到郭大如此彪悍，连自己的女婿都打不过他，事实证明牛辅的确也不是徒有虚名的，因为后来吕布派李肃以数倍兵力攻打牛辅竟然输了。所以董卓非常害怕，干了一件大家都耳熟能详的事，火烧洛阳。

大家大都知道火烧洛阳的事，但是对于逼得董卓火烧洛阳的郭大可能就不是太了解。历史记载也不多，因为郭大在之后的作战中战死了，虽然历史记载不多，但是可以看出来郭大一定也是"跟我上"而不是"给我冲"的猛将，如果坐镇后方运筹帷幄的话也不至于战死。有这种与将士同生共死的气魄也就不难理解为什么郭大振臂一呼就可以聚众十万了。

可以想象郭大是颇有人格魅力的，但是郭大一死，白波军基本上大势已去，之后便被各路群雄收编了。

郭大显然深得人心，后来有人在白波谷建立一座大门楼，楼内有一尊黑脸绿袍头戴黄巾的郭大神像，年年春秋两祭都有人去祭祀，可惜现在已经没了。

　　各路起义军大都是为了生存而奋起，没有像样的宗旨和管理，但是他们毕竟已经完成了粉碎旧时代的任务，白波军起义之后汉室进一步瓦解，名存实亡，给之后的各路群雄创造了下个逐鹿天下的机会。

周亚夫之风 —— 徐晃

运城有关羽？我大临汾有公明，足可敌矣！

关二爷是运城人，可谓尽人皆知，也令我非常羡慕，然而作为临汾人大可不必妄自菲薄，因为我们临汾有徐晃徐公明，为什么说我临汾有徐晃，足可敌矣？且听我细细道来。

徐晃，字公明，临汾市洪洞县广胜寺镇封里村人，可谓土生土长的临汾人。

托罗老先生的福，我们对徐晃的印象一般是蠢笨鲁莽的。是个只会抢斧子的无脑大汉，三国演义抹黑曹魏已不用多说，然而历史上真实的徐晃可是智勇双全、宽猛相济。而且徐晃和关羽还是惺惺相惜的好朋友，不但相爱而且相杀！

这要提一嘴，我小时候看三国说徐晃、张辽、关羽仨人关系特别好，以为就是单纯的惺惺相惜，后来了解了地方文化以后发现，这仨人分明就是老乡见老乡两眼泪汪汪啊。这徐晃是洪洞人，关羽是运城人，张辽是朔州人，哥仨都是山西的，又都是一等一的本事，自然就亲近得多，起码聊天不费劲。

据《三国志·蜀书·关羽传》记载：羽与晃宿相爱，遥共语，但说平生，不及军事。须臾，徐商、吕建军至，晃乃下马宣令："得关云长头，赏金千斤。"羽惊怖，谓晃曰："大兄，是何言邪！"晃曰："此国之事耳。"

这里介绍一下，《三国志》是魏蜀吴三国各自修订的，陈寿把三个国家的史料收集整理，蜀书就是蜀国人自己写的，里面如果描写徐晃厉害，那一定可信度非常高，后面的内容主要引用自裴松之给《三国志》作注时引用的《蜀记》。

简单地翻译一下就是关羽和徐晃一直关系很好，俩人打仗之前先聊一会儿，谈谈人生，谈谈理想，一个说运城话，一个说洪洞话，一点没提打仗的事。过了一会儿，徐商、吕建带着兵赶到前线了，徐晃下了马对自己的部队下令，拿到关羽人头的赏千金。关羽一听吓了一跳，这聊得好好的，怎么突然就花钱买我人头了？就问徐晃："哥，你这是说啥呢？"徐晃说："这是国事！"意思是我虽然要你的头，但这是国事，和咱兄弟的感情各论各的。可以看出徐晃忠于国家，公私分明，格局顿时显得比关羽高出一截。

这个事，是发生在樊城之战关羽杀庞德降于禁之后，曹操派徐晃去解樊城之围的时候。这一仗徐晃打得极为精彩，先有智谋，中有声势，后有勇武，简单说就是先假装进攻关羽的主力，其实成功偷袭了关羽的分部，等关羽明白过来带兵救援的时候，又说要千金买关羽的人头使得将士振奋，之后和关羽大战，打得关羽落花流水。

徐晃和关羽一共交战过两次，第一次没分胜负，第二次徐晃大胜，而且胜的这场是关键性的战役。

所以说在历史上我们的徐晃无论忠义、勇武、智谋都不在关羽之下，足够让身为临汾人的我感到无限荣幸，遥想当年乱世三国中，徐晃、张辽、关羽三个山西老乡叱咤风云的英姿，心向往之。

然而三国人人都看，却很少有人知道徐晃就是临汾市洪洞县人，希望此文能让更多热爱故乡的人对故乡多一些了解。

魏晋八君子——贾逵

贾逵，字梁道。一度大火的古装剧《军师联盟》里有不少他的戏份，而这个贾逵就是我们临汾市襄汾县襄陵人。这里要感叹一下，襄陵真的是名人辈出，而且都姓贾，有贾逵、贾充、贾南风等等。

贾逵是历经曹操、曹丕、曹叡的三朝元老，被后世称为魏晋八君子之一，与贾诩、程昱等齐名，魏晋八君子分别代表八种不同的美德。贾诩之筹策、贾逵之忠壮、张既之政能、程昱之智勇、顾雍之密重、王浑之器量、刘恢之鉴裁、庾翼之志略。这里要解释一下，虽然他们各有所长，但是其他方面的能力也非常出众，就贾逵来说，他的谋略、兵法、搞笑也都是一流的。讲几个贾逵的小故事就知道了。

贾逵年轻的时候很穷，史书上记载他有一次去姐夫家，睡了一晚上，因为太穷，连裤子都没有，天亮的时候只好穿着姐夫的裤子走了，那他到底去的时候穿的什么呢？开个玩笑。

说正经的，那是在官渡之战后一年，袁绍已经被曹操干掉了，袁尚还在。袁尚派郭援联合匈奴攻打临汾（三国时叫河东），郭援也算一个人才，在临汾攻无不克，只有贾逵当县长的绛邑拼命坚守，就是现在的曲沃曲村一带。但是绛邑势单力薄，弹尽粮绝在即，为避免被屠城，城中官吏和百姓便与郭援约定，只要不杀贾逵，我们就投降。郭援当然愿意啊，因为贾逵在，真的不好打。郭援见到贾逵就让贾逵磕头，贾逵说："哪有政府官员向贼寇磕头的道理？"这话说得正气凛然、掷地有声。郭援恼羞成怒便要砍了贾逵，但是曲沃的百姓不干了，大喊："你要是杀了贾逵，我们就和你拼命。"好不容易拿下一个县，总不能为了杀一个贾逵又去拼命吧？无奈之下只好放了贾逵。一个县长能做到这个地步，真是可以死而无憾了。

之后贾逵屡立奇功、治地有方，并在今河南淮阳县一带修筑有水利工程，后世称为贾侯渠。特别是在曹操死后，稳定军心拥立曹丕和曹休，攻打东吴及时救援，这两件事是贾逵忠壮之名的代表。

曹操死的时候曹丕已经为太子，但是谁不想当王？当时曹丕和曹彰都不在洛阳，曹彰就先赶回去找贾逵要玉玺打算自立为王，但是贾逵说："太子在邺，国有储副。先王的玺绶不是君侯你该问的！"曹丕回来后对贾逵感恩戴德。

后来曹丕派大司马曹休攻打东吴，曹休是曹丕的族弟，和贾逵关系一向不太好。曹休也是当时的名将，但无奈这次东吴派出的是陆逊，完全不在一个水平线上。贾逵料定曹休孤军深入必败无疑，于是不顾下属的劝阻，激励全军前往救援，这才避免曹休的军队全军覆没。但是曹休却埋怨贾逵救援来迟，还把手杖扔地下让贾逵捡，贾逵说："我是给国家当豫州刺史的，不是给你捡东西的！"说完就走。

贾逵就是这样一个铁骨铮铮、忠心为国的襄陵人！

中国四大丑女之一——贾南风

帅哥～
我要帅哥～

贾南风，中国四大丑女之一，今临汾市襄汾县襄陵人。

贾南风我本来是不想写的，因为她不但丑，而且非常恶毒。但她也算是临汾历史上非常重要的一个人物，而且和临汾的诸多人物有着千丝万缕的联系，所以是跳不过去了。

中国四大丑女是民间的说法，有着很多的版本，比如嫫母、钟离春、孟光、阮氏女，又有宿瘤女、黄月英、贾南风、东施。不过她们有一个共同点，就是有一定的政治影响力。所以四大美女也好，四大丑女也罢，都是和政治有关联的。

我们之前写过魏晋八君子的贾逵，这个贾南风就是贾逵的孙女，而且是晋惠帝司马衷的皇后。司马衷大家可能不太熟，他就是晋国的开国皇帝司马炎的儿子，司马炎要是也不熟，没关系。司马炎是司马懿的孙子。司马炎其实是一位有雄才大略的皇帝，但是古代史学界觉得曹魏篡汉，司马家又篡魏，不是什么光彩的事，所以后世赞扬他的并不多。

据古人的野史记载，贾南风长得奇丑无比，又黑又矮，眉间有颗大肉瘤。这么丑怎么能当皇后呢？因为他爸爸贾充在晋朝权势熏天，而且和司马炎关系很好。贾充为了巩固自己的地位就拉拢了一帮朝廷重臣和皇亲国戚跟司马炎说好话，包括司马炎的皇后杨艳。

耳根子再硬也架不住这么多人劝，而且把贾充的闺女娶回来，的确可以稳定太子司马衷的地位。所以我们的丑女贾南风就这样当了皇后。

贾南风虽然丑，但是出身名门望族，她爸贾充虽然精于权术但怕老婆，她妈刚好是个恶毒的母夜叉，所以贾南风还没进宫就练就了一身宫斗和欺负老公的本领。我仅仅跟着别人看了一点点的宫斗剧，就感觉宫里的女人太可怕了，可是宫斗剧里那些皇后、嫔妃们的狡诈狠毒跟贾南风比，可能连提鞋都不配。

贾南风进宫以后可谓大施拳脚，有如神助。为什么呢？因为晋惠帝司马衷是个历史上有名的智障，不是侮辱他，是真的智障。这还不是随便让贾南风呼来喝去吗？

虽然贾南风对这个智障太子根本没兴趣，但是却不允许他对别人有兴趣，凡是怀了太子骨肉的人，一律被贾南风弄死。司马炎本来想废掉她，可是有皇后和众人的求情就不了了之了。杨艳临死之前，求司马炎立自己的堂妹杨芷做皇后，并且叮嘱堂妹一定要保护太子和太子妃。可见司马炎是真的很爱杨艳，即使她生的孩子是智障，也要立为太子，即使她死了，依然把她妹妹立为皇后。

虽然杨芷也多次为贾南风求情，但是她也觉得贾南风做得实在太过分了，多次劝诫她。贾南风非但不买账，还把杨芷记在了黑名单上，打算一有机会就除之而后快。

机会说来就来，司马炎死了以后，智障司马衷就当了皇帝，杨芷的父亲杨骏被任命为顾命大臣辅佐智障皇帝，智障皇帝对贾南风言听计从，所以实际上的皇帝是贾南风。杨骏这个顾命大臣本来就是因为司马炎觉得他没什么本事，对太子没威胁才选上他。现在杨骏有点忘乎所以嚣张跋扈了。

贾南风很快就联合对杨骏不爽的司马玮对付他，很轻易地就让智障皇帝下了一封诏书说杨骏谋反，把杨骏杀了，然后又把杨芷活活饿死。

贾南风的政治手腕这才刚刚开始，当时还有几位在朝廷中位高权重，对她不是言听计从的人，分别是司马亮、卫瓘，还有刚刚立了大功的司马玮。贾南风用了一招一石三鸟的高明手段，先是编了个理由让司马玮除掉了司马亮和卫瓘，然后又说司马玮无故杀害朝廷重臣，顺手就杀了司马玮。

这下贾南风可是春风得意，朝野之中再无能与之抗衡之人。那干点什么好呢？

贾南风还是有其他爱好的！

贾南风自己长得虽然丑，但是不影响人家对美的追求，主要是对美男子的追求。方便进出皇宫的男人主要是御医，那就先从御医下手。可是天天假装生病也不合适，而且御医未必都长得帅。于是贾南风就命令自己的宫女出去物色美男子，然后带进宫里，玩弄完之后就处理掉，以免走漏风声。据说当时的帅哥晚上都不敢出门。

可是有一次带回来的小鲜肉实在太美了，贾南风玩了好几天之后竟然不忍心弄死，就放出宫了。这小鲜肉本来穷困潦倒，消失几天之后突然变得阔绰起来，刚好最近发生了一起大的盗窃案，他就被当成嫌疑人抓了起来。其实他也不知道自己这几天是在哪儿，就一五一十地说他被带到一个富丽堂皇的地方，有一个穿得很华贵的丑女人对他如何如何。他是不知道，可是审案子的官员一听他描述就明白了，想笑又不敢笑。贾南风淫乱后宫的事这才不胫而走。

贾南风作恶无数，直到后来"八王之乱"中的一王——赵王司马伦找到个好机会直接把她杀了，这才终结了她罪恶的一生。

一路向西，不到天竺不复还

西天取经第一人——法显

法显，本姓龚，法显是他的法号。东晋名僧，今临汾市尧都区人。

他本来有三个哥哥，但是都没有长大成人，所以父母就把他送去庙里做了小和尚，希望他在佛法的庇护下能健康成长。法显果然没有步哥哥的后尘，在寺中成长为一名精通佛法、一心向佛的僧人。

法显所处的东晋正值佛教迅速发展的时代，和印度佛教不同，佛教传入中国后发生了很大的变化。印度的和尚没有私人财产，生活全靠施舍，而当时中国的和尚不但有香火供奉，还有田产，还不用上税，这导致当时的僧侣异常腐败。

东晋并不是一个强盛的王朝，它与五胡十六国并存，东晋内部本身也四分五裂、风雨飘零、山河破碎。当时的百姓更是艰难困苦，生活难以为继，很多寺庙便乘机侵吞田产，放高利贷。

有一次法显和几个僧人在田里收稻子，来了一伙吃不上饭的饥民抢粮。其他的和尚都吓得躲进寺院，只有法显平静地对抢劫的饥民说："你们如果饿了，就随便拿吧！只是你们现在这样贫穷，正因为过去不布施所致。如果继续抢夺人粮食，恐怕来世会更穷。贫僧真为你们担忧啊！"说完，他也从容地走回寺院，而那些抢粮的人被他感化，四散而去了。

这个故事虽然是说法显慈悲的佛性，但是也体现了当时的社会状况。到法显六十二岁已经成为德高望重的高僧时，很多僧侣的奢靡之风却愈演愈烈，法显很为佛法担忧，再这样下去佛教将仅存庙宇和雕像，而佛法不存。法显认为这是因为佛家的物质方面发展太快，而与之相对的佛家典籍，特别是相关的戒律经典不足导致。

于是，忍无可忍的法显决定以六十二岁的高龄去西天取经。没错，和西游记一样，但是他比唐僧还早 200 多年，是中国第一位远去天竺取经的僧人。他找了几位同样愿景的僧人从长安出发，一路向西，沿着丝绸之路游历了天竺三十余国，终于到了当时的佛教圣地达摩竭提国巴连弗邑。法显在那一住三年，学习梵语，翻译佛经，与法显同去的僧人或亡或留，回到中国的仅有法显一人。这时的法显已经七十八岁，法显到圆寂前共翻译了经典六部六十三卷，共计一万多言，还写下了不朽巨著《佛国记》。

法显不仅仅影响了后世的佛教，他写的《佛国记》更是补充了印度的历史，因为印度没有像中国一样记录历史的习惯，所以后来印度在编纂史书时，法显的《佛国记》也被广泛参考。

人一定要有梦想才能激发与生俱来的无限能量。年过花甲的法显为了实现重整中华佛教的梦想，而完成了穿行亚洲大陆又经南洋海路归国的惊人壮举。在大多数人开始想不起自己梦想的年纪学会了梵语，而我十六岁的时候都背不会单词，真是让人惭愧。

法显身体力行地告诉我们，只要开始做，年龄不是问题。

熟知你祖宗十八代的人 —— 贾渊

　　贾渊，字希镜，临汾市襄陵镇贾庄村人。南朝时期谱学大师，也是中国历史上第一位谱学名家。

　　南朝就是中国魏晋南北朝的南朝，是个乱成一锅粥的时期。

　　谱学得好好说一说，谱学的谱不是五线谱，而是族谱、家谱的谱，谱学就是针对这个的研究。这里面又包含对姓名、家世、历史、考古等多方面的研究。

　　我们现代家庭还有家谱的已经不多了，但是中国从汉代或者更早就开始记载、整理家谱了，谱学是中国传统文化很重要的一部分。一个家谱就是一个家族的史书。我们的国家由一个个的家庭组成，我们的历史也是由一个个小家的历史形成了中国伟大的五千年历史。这是我们中国独有并传承至今的根祖文化信仰。

谱学的研究是非常有意义的，研究谱学无论是在古代还是现代都不是那种光艳夺目的职业，是埋头书海几十年如一日的勤恳工作。中国很早就开始有名门望族做家谱了，但是因为中国悠久的历史上经历无数战乱，大多家族的家谱都断了，一般也只能追溯到明清时期，现存的就更少了。

随着国学的复兴，很多人开始继续造家谱，甚至出现了为人伪造古家谱的谱匠。这就有点矫枉过正了，只要心怀祖先，从现在开始记载，一百年后又是一部壮阔的家族史。

我们的贾渊就是这方面的集大成者。他、他爸、他爷爷都是研究谱学的，到他这一代更是发扬光大。宋孝武帝的时候，有青州人发掘了一座古墓。在古墓里找见一块墓志铭，上面写着："青州世子，束海女郎"。宋孝武帝问当时的饱学之士鲍照、徐爰、苏宝生，都不知道这是谁的墓。只有贾渊看了一眼就自信地回答说："这人是司马越的女儿，嫁给了苟晞的儿子。"后来经过一系列考证和查访，果真如此。因此宋孝武帝对贾渊非常青睐。

在贾渊之前，谱学并没有名家，经过贾渊他们祖孙三代的努力，到贾渊的时候终于量变发生了质变。他们整理了十八州的士族谱，合起来总计有一百编七百多卷，精细详尽，当时无人可及。

想想多有意思，你和他聊上几句他就知道你爷爷是谁，干什么的，你祖爷爷是谁，是干什么的。你们家的亲戚他可能比你知道的还全。或者你有个失散多年的什么亲戚，他都有可能帮你找见。

贾渊因为博学多才，一辈子的仕途颇为顺利，最终位居骠骑参军，可见多学点东西总是没错的。

贾渊一辈子参与编纂和撰写《百家谱》《氏族要状》《人名书》等多部关于谱学的书籍，不但当时流行，而且对后世研究历史和考古都有非常重要的意义。

困扰我们人生的所有问题都可以从我们祖先的经验中获取，比如我是谁？我从哪里来？我要到哪去？没有信仰的人可能会非常迷茫，西方人可能会说："你是上帝的孩子，从天堂来到地狱去。"这个问题对于信仰祖先的我们是个非常简单的问题，我是炎黄子孙，我从我父母那来，我要去远方，前人早已为我指明了方向。

没有方向的孩子肯定是前人的书看得不够多，没找到给你指路的那位前人。

所以中国的信仰与其他国家都不相同，是最具人文关怀的信仰。从孔子的"子不语怪力乱神"开始，中国对神学的信仰就远不如其他国家根深蒂固，但是我们信仰我们的祖先。就算不烧香拜佛的人也会在清明节祭祀自己的祖先。

我们中国人屹立于世界民族之林不是因为鬼神，而是因为从我们的祖先开始，不论经历如何的辉煌和坎坷，都在努力地谱写着薪火相传的壮歌。

定都金殿的开国皇帝——刘渊

  刘渊，子元海，匈奴人。本姓应该是挛鞮，是五胡十六国时期，前赵的开国皇帝，定都于临汾市金殿镇。

  前赵是史学家的叫法，人家自称汉，历史上又称为汉赵、北汉等一大堆名字，五胡十六国时期的历史乱成一锅粥具体叫什么，不用太纠结。

  刘渊是匈奴人，为什么要姓刘呢？因为刘渊是冒顿单于的后代，冒顿单于和刘邦约为兄弟，并娶高祖刘邦的宗室女为妻，所以冒顿单于后代的汉姓就是刘。冒顿单于本身姓挛鞮。

  为了证明自己天生就是当皇帝的料，中国历史上几乎所有开国皇帝都编了各种故事。大部分的故事都是讲的：自己是他妈和神啊、龙啊生的，或者说他妈生他的时候梦见什么了。刘渊也不例外，说他妈生他之前看见一个长着龙角的大鱼，给了她一个什么玩意儿，吃了之后生了刘渊。

不过刘渊的确生得英武不凡，且聪慧矫健，自幼读书习武，也是个文武兼备之才，而且还非常自恋。刘渊曾说："吾每观书传，常鄙随陆无武，降灌无文。道由人弘，一物之不知者，固君子之所耻也。二生遇高皇而不能建封侯之业，两公属太宗而不能开庠序之美，惜哉！"大概意思就是：随何、陆贾虽然文才出众但是武功不行，周勃、灌婴虽然能征善战但是和文盲差不多，让我感到非常可惜啊！

刘渊虽然德智体美全面发展，但是也不用贬低人家偏科的孩子啊！

刘渊是匈奴人，在晋国作人质。为什么是人质呢？这要从汉说起，匈奴被卫青舅甥两人赶到欧洲之后，剩下的匈奴就归附了大汉。到汉末的时候遭黄巾之乱，汉朝就找匈奴来帮忙镇压，当时的羌渠单于还真仗义，派儿子于扶罗带五部（五个部落）匈奴去帮忙。于扶罗刚走，匈奴那边内乱，把他爸羌渠单于杀了。于扶罗就自封为单于，带着五部匈奴在汉朝生活了下来。虽然这时候他们都改姓刘了，但毕竟不是汉人，所以把儿子给对方当人质，以求双方都安心。到刘渊的时候，他爸爸刘豹就把他送到晋武帝司马炎那当人质了。

后来刘豹死了，刘豹死之前是左部部帅，因为刘渊深得司马炎赏识，就接替了这个职位。

我们之前写过丑女贾南风，这个刘渊的故事又和贾南风连上了。贾南风祸乱朝政、淫乱后宫再加上她的智障老公，让所有人都觉得有机可乘，于是引出了"八王之乱"。就是司马家的八个王都想当皇帝，开始了混战。

这对刘渊这个有雄才大略的人来说可是天赐良机啊，而且匈奴五部也都闲不住了，虽然在汉朝生活多年，但是匈奴好战的血脉并未断绝。于是匈奴五部中德高望重的前左贤王刘宣和人密谋，想让刘渊扛起建国的大旗。他们商量的时候刘渊并不在，因为刘渊非常能干，司马炎一直担心让他回到五部之中就犹如蛟龙入水，一发不可收。所以刘宣只能派人去偷偷跟刘渊说，刘渊当然愿意啊，就开始想办法回去。

这时候正是"八王之乱"打得一塌糊涂的时候，刘渊当时是跟着成都王司马颖的，司马颖被人打得快不行了，刘渊就说："不如你派我回去召集匈奴五部回来支援你，匈奴的战斗力多强，你不就啥也不怕了。"司马颖觉得是个好主意，就放虎归山了。

刘渊一回去，就被刘宣等人尊为大单于统领匈奴五部，二十天之内召集兵马五万之众。匈奴五万之众可不一般，不是那种抓壮丁的杂牌军，据刘渊说，匈奴一个能打晋军十个。

于是刘渊打算建国了，有意思的是他们一帮匈奴人建的国叫汉。理由是先祖冒顿单于和高祖刘邦约为兄弟，哥哥的汉朝被魏晋拾掇了，匈奴作为弟弟当然应该恢复汉室。这时候想起来约为兄弟啦，卫青之前可没少打弟弟啊。

刘渊建国之后南征北战打下不少地盘，更是收拢了四方很多少数民族，于是有人劝刘渊，既然建国了，就得找个像样的都城，有天子之气的地方。这个地方就是临汾，准确地说是临汾的金殿镇，原来临汾还叫平阳的时候，市中心就是在金殿，金殿之所以叫金殿，就是因为刘渊在这建都之后改的。

刘渊虽然文武全才，但是离一统天下的伟人还差很多。刘渊称帝只有六年就病死了，他建立的后汉也只存在了二十多年。五胡十六国全都是短命王朝，再往后的天下太平就是隋唐演义之后建立的大唐盛世了。

无子可传家——邓攸

为亲忘子亦堪怜，锄底黄金岂偶然。简册本期敦薄俗，晋人曾说邓攸贤。

——王行

几年兵火接天涯，白骨丛中度岁华。杜宇有冤能泣血，邓攸无子可传家。

——瞿佑

邓攸，字伯道，今临汾市襄汾县襄陵人，两晋时期的名臣良吏，留有一个成语叫"邓攸无子"。

邓攸是一个极其传统的贤人，他的所作所为从传统的角度来看是没有缺点的，虽然在现在看来有一些事值得商榷，但是这不妨碍他确实是一个值得我们敬仰的先人。

邓攸一生命运多舛，幼年丧父，之后又丧母，再之后奶奶去世，所以他连续守孝了九年，人称大孝子。虽然幼年经受了很多的打击，但是邓攸毕竟出身比较好，有世袭的官位，所以生活还算过得去。

两晋和五胡十六国并存是非常混乱的，邓攸做河东太守的时候就被刘渊建立的汉赵政权俘虏了。不过俘虏他的大将石勒很欣赏他，就把他留在军中。有一次军中失火，按军法来说，这个引起火灾的罪是要被处死的，火其实是一个胡人不小心造成的，但是他不想死啊，军中除了邓攸基本上都是胡人，所以就诬陷邓攸。没想到的是邓攸勇敢地背起了黑锅，承认了这个不属于自己的错误。因为也没太大的损失，石勒也就没有追究。

这下诬陷邓攸的胡人反倒寝食难安，感觉邓攸这么厚道仁义，自己实在是对不起他，终于受不了良心的谴责主动去找石勒承认错误。一时之间军中的胡人皆服邓攸，但是邓攸始终认为自己是晋人，所以找了个机会就跑了。

逃跑的时候他带着妻子、孩子和他弟弟的孩子，过程非常坎坷，牛马财物都被土匪抢了，因为当时到处都是割据的军阀和土匪，带着两个孩子逃跑成功的概率非常低，所以他就对妻子说："我弟弟已经死了，我们必须把他的孩子留着，咱孩子没了还可以再生。"于是就把自己的孩子扔了。

这从现在的角度来看就非常残忍，我问过我妈类似的情况应该怎么办，我妈说："办法总比困难多，就是咱全家同生共死，也不能把你扔了。"我个人更赞同我妈的办法。

没想到邓攸和妻子之后就再没有生过孩子，为了能再有个儿子，他就纳了一个小妾。造化弄人，小妾纳过来以后，他问小妾家里的情况，发现这个小妾竟然是自己的亲外甥女。邓攸是非常注重人伦的，悔恨不已，自此就再也没有纳过妾，也就没能生下儿子。

辗转多处，历尽磨难终于逃回晋国的邓攸，在东晋建立之后做了吴郡太守，当时吴郡遭灾，很多饥民没有饭吃，邓攸上表朝廷开仓放粮，可是古代通信不发达，再加上层层审批，再把批件传回来，饥民早饿死了，所以邓攸就擅自开仓放粮，救活无数百姓。等到他离任的时候，百姓拿出数百万的送别礼钱，他一分也不肯收。他不收，百姓就更舍不得他，好几千百姓拉着他的船不让他走，最后他只好先停下，等天黑了悄悄地走。

邓攸不但品格高尚，而且为官清廉，爱民如子，所以当时的人都说："天道无知，使邓伯道无儿。"意思是老天不开眼啊，邓攸这么好的人都不给他个儿子。

巾帼不让须眉——平阳公主李三娘

　　临汾历史上著名的平阳公主有两个，之前讲了汉代平阳公主的故事，这唐代平阳公主李三娘的一生更加传奇。

　　这位平阳公主，准确地说，应该是平阳昭公主，是一位真正的女中豪杰，她戎马一生的功绩在中国女性的历史上可谓千古一人。

　　平阳昭公主本是邢州尧山人，因为嫁给了柴绍，封地于平阳，所以人称平阳公主，准确的说平阳公主是临汾媳妇。柴绍也是响当当的人物，凌烟阁二十四功臣之一，我们在介绍柴绍的时候再说。

　　平阳公主和柴绍结婚时还不是公主，但是史书上并未记载她的名字，因为她是李渊的三闺女，所以民间一般亲切地叫她李三娘。三娘和柴绍婚后不久正赶上三娘他爸李渊开始举兵反隋、扫平乱世的大业，柴绍当仁不让，要跟随李渊成就一番霸业，唯一放心不下的就是李三娘，便问三娘："我去打仗了，你怎么办？"三娘的回答可以简单地概括为："你放心去，我不用你管。"

事实证明柴绍的担心非常多余。

柴绍走后，李三娘以惊人的魄力在短时间内收服了江湖上几支散乱的义军，加上一些流民和家丁，组建出一支七万多人的军队。这支队伍鱼龙混杂，可以说是一群乌合之众，但是在李三娘的带领下却表现出惊人的战斗力，不但屡次击败了大隋前来讨伐的部队，而且攻城拔寨、势如破竹，先后占领了户县、周至、武功、始平等地。果然一只狮子带领的羊群要胜过一只绵羊带领的狮群。她带领的部队律法严明、令出必行、不骚扰百姓，被百姓亲切地称为"娘子军"。

隋大业十三年，李渊带主力渡过黄河进入关中的时候，惊喜地发现自己的三闺女李三娘已经为他在关中打出一片天下。李三娘也终于见到了她日思夜想的夫君柴绍。这时李三娘在军中的功绩已经能让她与柴绍平起平坐了。看到妻子如此的巾帼不让须眉，不知柴绍当时是作何感想，我们只能想象当时李三娘一身戎装带着兵士千万和夫君相会时，是何等辉煌和骄傲。

之后李渊发兵甘肃，李三娘的任务是防守李渊的大本营——山西，李三娘驻兵的地方就是大名鼎鼎的娘子关，今山西省平定县东北的绵山一带，娘子关的名字正是因李三娘的娘子军在此驻守而得来。李三娘驻守期间，娘子关犹如铁板一块。正是因为有了稳固的后方，李渊和李世民才能一往无前地荡平天下。

之后史书上关于平阳公主的记载直到她死的时候才出现。而她的葬礼在中国历史上也是前无古人后无来者。当时李渊要求"前后部羽葆鼓吹、大辂、麾幢、班剑四十人、虎贲甲卒"这是当时军中葬礼规格，礼官提出女人使用这个规格不符合礼法，高祖李渊反驳他："鼓吹就是军乐，以前平阳公主总是亲临战场，身先士卒，擂鼓鸣金，参谋军务，从古到今何尝有过这样的女子？以军礼来葬公主，有什么不可以的？"于是特地破例以军礼下葬平阳公主，并且按照谥法所谓"明德有功曰'昭'"，谥平阳公主为"昭"。这就是后世称她为"平阳昭公主"的由来。

平阳昭公主，中国封建史上唯一一个由军队为她举殡的女子。

唐代女子的自信、自强，不能说和这一位开国将军娘子没有关系。

凌烟阁二十四功臣之一——柴绍

柴绍，字嗣昌，老家在临汾市尧都区贾得乡柴村，他可是非常地道的临汾人。当时的临汾已经不叫平阳，据说平阳犯了大隋开国皇帝杨坚的名讳，所以将平阳改成了临汾。

柴绍是唐初大将，凌烟阁二十四功臣之一，也是大名鼎鼎的娘子军将军平阳昭公主的如意郎君，唐太宗李世民的姐夫。唐朝开国皇帝李渊在山西起兵，李渊袭封唐国公，所以建国号为唐，而唐又是传说中尧所开创的朝代，李渊的谥号为神尧大圣大光孝皇帝，所以说李唐王朝和临汾的渊源极深。

接着说柴绍，柴绍是名副其实的将门虎子。他爷爷柴烈是北周的骠骑大将军，柴绍在很年轻的时候就做了隋朝元德太子的千牛备身（陪伴），也算是太子一党吧。柴绍是个极具正义感的小伙子，喜欢行侠仗义，旧唐书记载他："绍幼矫捷有勇力，任侠闻于关中。"李渊很喜欢他，就把自己的三女儿嫁给了他，也就是后来的平阳公主。

从史料记载来看，柴绍和平阳公主应该非常恩爱，然而他们生逢乱世，隋炀帝杨广横征暴敛、残暴好杀、引起民愤。

哪里有压迫，哪里就有反抗。江湖上群雄并起，李密、窦建德、杜伏威等皆举反隋大旗要推翻杨广。柴绍作为一个一身侠骨的热血青年，当然是心潮澎湃，正好他岳父大人李渊在太原起兵反隋并派人捎信给他。柴绍二话不说，就决定前往太原帮助岳父起兵。二话不说，但是一话还是有的，这一话就是担心爱妻平阳公主，"我要为反隋大业血战沙场了，你可怎么办？"柴绍没想到平阳公主却给了他一个天大的惊喜，有兴趣的朋友可以去看我写的平阳公主的故事。

话说柴绍跟着李渊在山西四方征战，攻无不克、战无不胜，既能以堂堂之师攻城略地，又能以奇谋诡道攻敌制胜。特别是在霍邑（今临汾霍州），柴绍竟仅从布防推测出宋老生的用兵之道，将宋老生诱出城外，大败隋军于城下。

在柴绍的英勇作战下，李渊很快就占领了山西，山西对李渊具有重大的战略意义，以山西作为坚实的大本营才开始了大唐统一天下的伟业。

柴绍跟着李家父子南征北战，屡立奇功，且每战都一马当先、登城破阵。唐军不但要反隋，还要收服当时各自为王的诸多政权，比如柴绍在甘肃与鲜卑吐谷浑王的一战便尤为精彩，当时柴绍的部队被吐谷浑军围困于山谷，吐谷浑军居高临下对柴绍的部队放箭，唐军损失惨重。

不知道柴绍当时的内心是成竹在胸还是也有点害怕，但是柴绍表面上非常淡定，命人弹奏琵琶，又让两名美女在阵前起舞，让吐谷浑军看得目瞪口呆，一时不知所措。其实柴绍已经派精锐的骑兵部队绕到吐谷浑军背后，趁着吐谷浑军茫然之际前后夹击发起突袭，在极为不利的条件下化腐朽为神奇大败吐谷浑军。

柴绍一生征战，为大唐的建立和统一立下汗马功劳。李世民为了纪念对大唐建立做出杰出贡献的二十四人，将他们的画像挂在凌烟阁之中，史称凌烟阁二十四功臣，柴绍位列第十四位。

凌烟阁二十四功臣之一——尉迟敬德

尉迟敬德，名融（后世误载名"恭"），字敬德，朔州善阳（今忻州市神池县）人，唐朝名将，凌烟阁二十四功臣之一。

尉迟敬德祖籍并非临汾，但是他曾屯兵临汾的太平县（今襄汾县）与李世民大战，并且给当地留下了著名的尉村跑鼓车。

当年，尉迟敬德还是刘武周的部下，刘武周与李渊争夺山西，尉迟敬德与李世民在晋南多次交战，这便是著名的柏壁之战。柏壁之战初期估计尉迟敬德把李世民打得很惨，以至于李世民非常欣赏他，柏壁之战后期，李世民占据优势之后，派人劝降将尉迟敬德，收到帐下。

作为降将，尉迟敬德在军中特别不受待见，但是李世民却对他另眼相待，正所谓士为知己者死，后来尉迟敬德成为李世民最信任的人，甚至没有尉迟敬德守着，李世民就睡不着觉。但是尉迟敬德不能天天守着李世民睡觉啊，所以把尉迟敬德画成了画贴在门上，这就是门神的由来。

话说李世民之所以如此信任尉迟敬德是因为他忠勇无双，其具体表现就是尉迟敬德多次救过李世民的命。

李世民对垒王世充的时候，和尉迟敬德一起出去打猎，李世民不愧是人中龙凤，联军对垒之际还有心情出去打猎。谁知却碰上了王世充的大军，带兵的将领单雄信一马当先向李世民扑过去，尉迟敬德忠心护主几个回合便打退了单雄信。其他人畏惧尉迟敬德的勇猛一时不敢上前，于是尉迟敬德保护着李世民杀出重围，之后又带领军队杀回去，还俘虏了六千余人，自此一战开始在李世民军中建立威信。

李世民与刘黑闼作战之时，不小心被刘黑闼包围，又是尉迟敬德带兵杀入阵中，将李世民救出。

而要说最凶险的一次，当数玄武门之变。虽然李世民做好了准备，但还是被李元吉逃走，李世民只身一人追上。论武力李世民哪是李元吉的对手，眼看要被李元吉反杀，又是尉迟敬德赶到杀了李元吉，救下李世民。

尉迟敬德带给李世民极大的安全感，只要有尉迟敬德在身边，就有生命保障，尉迟敬德被后世奉为门神，也是源自这种安全感吧。

尉迟敬德并非有勇无谋之辈，李世民夺取天下之后，变得有些膨胀，脾气见长。有一次他和吏部尚书唐俭下棋，竟然下到两人争执不下。唐俭一生气回家了，气得李世民开始憋坏主意，这个坏主意就是第二天上朝的时候用对上不敬的罪名把唐俭发配外地。当天还叫来了尉迟敬德作伪证，尉迟敬德一口答应。结果第二天上朝的时候尉迟敬德却假装不知道，李世民估计气得够呛，把手中的玉梃一摔就走。尉迟敬德心思缜密，反应又快，他首先想到李世民在气头上，不答应他不行，但是因为一点小事把唐俭这样有能力的官员发配外地更是不合适，索性第二天来个不认账。但是要惩罚尉迟敬德，李世民是舍不得的，生了几天闷气也就想开了，在一次宴会上对人说："敬德在唐俭一事上的好处有三个：朕有过失改正的机会，唐俭有重新生存的幸运，敬德有忠直的荣誉。"赏赐了敬德一千匹绸缎，群臣都高呼万岁。

现在临汾尉村在逢年过节的大戏上仍会上演尉迟敬德的相关戏曲，而尉村又有鄂公堡的别称。

发动神龙政变的宰相——敬晖

敬晖，字仲晔，临汾市汾城人，唐朝的宰相。

临汾出的宰相不少，感觉都不稀罕了。不过这个敬晖还是个颇有故事的宰相，在唐代的历史上是非常重要的人物。

科举制度自隋朝开始建立，到唐代已经非常完善了，敬晖就是一个靠科举考取官职的，当时只有二十岁（周岁十九）。因为他工作努力又为官清廉，所以到圣历元年（697），也就是武则天当皇帝的第十年，他当上了刺史。刺史这个职位在不同的朝代管的事都不一样，在唐朝基本上相当于现在的地级市长了。

唐朝的时候已基本消除匈奴之患，但是又有了突厥。大草原上的游牧民族也是生生不息，而且一旦强大了都喜欢抢劫中原。当时河北就经常有突厥来抢劫，当时的刺史想出来的办法是征调百姓们修筑城墙。

熟知战争历史的人都知道，万里长城也好，城墙也好，就和马奇诺防线一样，都是中看不中用的东西。这个城墙一直到该秋收的时候还没修好。赶上敬晖调到河北，敬晖说："这都该秋收了，城墙再坚固也不能吃啊，饭都吃不上要城墙有啥用，赶紧别修了，回家收麦子吧。"这个明智的、不求政绩和面子的行为受到了各层官吏的一致好评，可见敬晖颇为敢于不给前任面子，是个耿直的人。

武则天非常赏识敬晖的清正廉洁，还赏了他好多的丝绸，丝绸在古代和黄金一样是硬通货。敬晖的官职也是一升再升，一直升到了羽林军将军，羽林军是禁军，主要负责皇城的安全，这是一个非常重要的官职。

这时候就要说说武则天了。武则天是不是个好皇帝不好说，但是我认为至少是一代雄主。非要比的话，比大部分男皇帝都强，但是大部分的一代雄主都有老糊涂的时候。老糊涂了，自然当不了明君了，这时候的武则天就宠信一对小白脸兄弟。

这俩小白脸是无才无德，但凡两者中占上一条也不会去当小白脸吧？武则天病危，这俩小白脸就开始胡来了，不让百官觐见，祸乱朝政。于是敬晖一干人等就打算发动政变恢复李唐王朝。他们这个动机以现在的角度来看也算不上高尚，毕竟现在是个男女平等的社会，女人有能力也是可以位高权重的。另一个动机相对靠谱一些，就是他们认为这个天下是李家打下来的，理应姓李。不过老百姓根本不在乎谁当皇帝，只要天下太平，姓李还是姓武无所谓的。但是效果上来说让李显当皇帝总比被两个小白脸祸害强。而且按当时的眼光来看，这是个无比正确的事。

于是敬晖就秘密地见了李显跟他商量："我们逼你妈退位让你当皇帝，怎么样？"李显非常高兴，谁不愿意当皇帝啊？于是敬晖与张柬之等人闯入玄武门，杀了两个小白脸，逼武则天把皇位让给她儿子李显。此事发生在神龙元年，史称神龙政变。

武则天这时候也没办法啊，而且毕竟李显是她儿子，也不是外人。皇帝又成了男人，而且姓李，敬晖也被封为宰相。不过武家的实力仍然很大，为了进一步巩固李唐的统治，敬晖提议把武氏的诸王降为公爵，但是李显这个人很软弱，不敢。于是敬晖等人遭到了武三思的疯狂报复，最后被武三思害死。

虽然从政治立场上很难说出个对错，但是敬晖作为一个官员却是一个值得尊敬的好官，他曾被封为平阳郡王，是值得令后人骄傲的平阳人。

大唐狂士——员半千

薄宦三河道，自负十余年。

不应惊若厉，只为直如弦。

坐历山川险，吁嗟陵谷迁。

长吟空抱膝，短翮讵冲天。

魂归沧海上，望断白云前。

钓名劳拾紫，隐迹自谈玄。

不学多能圣，徒思鸿宝仙。

斯志良难已，此道岂徒然。

嗟为刀笔吏，耻从绳墨牵。

岐路情虽狎，人伦地本偏。

　　长揖谢时事，独往访林泉。

　　寄言二三子，生死不来旋。

——骆宾王

　　这是一首骆宾王写给员半千的诗《叙寄员半千》，大气磅礴！要是有人能给我写这么一首诗，死也无憾了。

　　员半千，本名余庆，字荣期，临汾人（古晋州临汾），武则天时期的文人狂士。

　　员半千这个名字听起来比较特别，一般人名字没有这么起的。其实他本来并不姓员，员半千这个名字可是颇有来历。员半千本名刘余庆，他的祖先刘凝之自以忠烈比伍员，所以被北魏皇帝赐姓为员，这是姓的来历。

　　名字的来历就更有意思了，员半千少年时拜当时著名的学者王义方为师，王义方收了他之后发现这少年不是一般人，对他极为赞赏，说他是五百年才能出一个的贤才。员半千既然是狂士，那自然是不知道谦虚的，为了能让大家都知道自己是五百年一出的贤才，刘余庆就成了员半千。

　　"狂士"这个词可不是一般人当得起的，不是狂就能当狂士，需要有狂的资本，员半千还真就有。

　　员半千生父早亡，由伯父抚养长大，伯父是个好伯父，从小就让他勤练武术、熟读经史。员半千不仅仅是把书读得熟，还总有自己的见解，这就难能可贵了。永隆元年（680），员半千去参加考试，连中八科之举，去武陟县做了县尉。

　　去的时候赶上武陟县闹灾，员半千就劝县令开仓放粮，赈济灾民，县令不准。正巧县令要去省里出差，员半千高兴了，你走了可就管不了我了，我先把粮食给灾民发了再说。

　　灾民的事就这么解决了，可是员半千公然抗命，这事可没完，当时的怀州刺史郭齐宗就把员半千关起来准备审理治罪。也是员半千命好，遇上贵人黄门侍郎薛元超，薛元超当时在河北道做巡抚，他就对怀州刺史说："这些灾民难道不是你的百姓吗？你的百姓你没好好救助，反倒是一个小小的县尉替你救助了灾民，你不觉得惭愧吗？"于是员半千就被放了。

员半千虽然捡了一条命，但是还有一身的抱负未曾施展啊。他就想出了一个主意，给皇帝写封信。原文写道："请陛下召天下才子三五千人，与臣同试诗、策、判、笺、表、论，勒字数，定一人在臣先者，陛下斩臣头，粉臣骨，悬于都市，以谢天下才子。"翻译过来就是："请陛下把天下最厉害的三五千才子都招来，我每样都和他们比比，只要有一个比我强的，你就把我头砍了，算我对不起他们。"

确实是狂得不可一世，但这也不是完全胡说。因为中国历史上第一次武举的状元就是员半千。这里要说明一下，当时的武举并不是比武，主要还是考高级将领需要掌握的技能，比如行兵布阵什么的。当时员半千一路披荆斩棘，考到殿试见了唐高宗李治，并且对李治的提问对答如流。李治对员半千也非常欣赏，让他出使吐蕃。

还没出发呢，武则天即位了，听说员半千的故事以后非要见见他，还跟员半千说："我总听说先生的贤明，一直以为是一位古人呢。没想到你还活着呢，别去吐蕃了，留在控鹤府做官吧。"按理说是个好事，但是控鹤府在员半千眼里可不是什么好地方，都是一些靠男色上位的轻佻之人。所以他不但不去，还建议武则天撤销这个单位，这次算是公然抗旨，员半千的狂士等级又提升了。武则天大怒，但她也算是一代明君，后来还是重用了员半千。

员半千一生把造化弄人体现得淋漓尽致，各种职位担任了不少，文举、武举都参加过，还编写了《封禅四坛碑》《明堂新礼》《三国典略》等多部畅销书，将一代狂士的风采留给后人。

心理学优秀的江湖郎中 —— 郑注

郑注，本姓鱼，临汾市翼城人，唐代权臣，是一个人生经历很像金庸小说人物韦小宝，众人对其评价褒贬不一，但是以贬居多的人。

郑注本是一个出身微贱的江湖郎中，一般来说江湖郎中这个词现在用作贬义居多，指野路子出身的懂点医术坑蒙拐骗的人，但是郑注的医术是真有两把刷子的。他能从江湖郎中一步一步成为呼风唤雨的权臣，和他神奇的医术密不可分。

郑注第一次改变命运是在襄阳，江湖郎中一般不在一个地方待着，浪荡江湖才叫江湖郎中嘛。浪荡到襄阳的时候遇见了襄阳节度使李愬，李愬患有肌肉萎缩病。这个病放现在都不好治，也不知道郑注哪来的偏方给李愬"煮黄金，服一刀圭"，服用之后李愬感觉非常有效。自此二人的医患关系就非常融洽。在良好的医患交流中，李愬发现郑注真是个奇才，不光精通医术，还能给他出谋划策，所以就给郑注在自己身边安排了一个职位。

第二次命运的转折就是认识大太监王守澄。王守澄当时在徐州做监军，听说李愬任用了一个叫郑注的江湖郎中，这郎中在军中作威作福，于是找李愬商量要除掉郑注，李愬说："别介啊，你是没见过，这可是个奇才，你见见就知道了，你见见。"王守澄也不好驳李愬面子，见就见吧。结果一见如故，相见恨晚。王守澄被调回京城的时候就把郑注也带上了。

这第三次就是要一步登天了，唐文宗中风，口不能言。于是王守澄引荐郑注给唐文宗治病。唐文宗吃了郑注的药，很快就能说话了，非常高兴。跟唐文宗搭上关系之后，郑注更是赶紧献上一本自己写的医书，文宗非常赏识，又问他富国之术，郑注张口就来："收茶税啊！"这是之前就有的一种政策，唐人非常喜欢喝茶，为了增加赋税就把茶弄成国有独家经营。其实这个主意是可行的，毕竟有闲钱喝茶的人就多上点税，也不是很影响民生。文宗欣然采纳，郑注完成了从一个江湖郎中到天子近臣的历程。

郑注虽然靠医术获得了很多的机遇，但是真要说能把握这些机会的能力，是他在江湖中练就了一种察言观色、洞悉人心的本事。其实我们在询问别人的时候，经常是潜意识里已经有一个答案了，只是不够肯定，而郑注恰恰是每句话都能说到人心坎里。这么一说，郑注可能是个非常厉害的心理医生。郑注知道唐文宗特别喜欢杜甫的《曲江辞》，特别是有一句"江头宫殿锁千门，细柳新蒲为谁绿"，让唐文宗心驰神往，于是就上奏唐文宗说曲江那边遭灾，咱不如在曲江边上盖个楼，把灾民们召集起来干活，好让灾民有口饭吃。明明是想巴结唐文宗奢华的享受，偏偏找了个国计民生的借口，不得不服。唐文宗去的时候发现果然建得和杜甫写的一模一样，便厚赏了郑注。不知一辈子忧国忧民的杜甫知道因为自己的《曲江辞》而劳民伤财该作何感想。

得势以后的郑注就开始贪污受贿，卖官鬻爵，和另一个权臣李训把持朝政，也不把王守澄当回事了，还提出了"先除宦官，次复河、湟，次清河北，开陈方略，如指诸掌"的国策。就是先把宦官势力清除再收复失地。先从王守澄开刀，郑注设计毒死了王守澄，但是当时宦官已经发展成了一个相当大的集团，杀了王守澄，还有仇士良等一众大太监。李训和郑注也并不团结，因为争功抢着杀太监，被仇士良得了先机反杀了李、郑。除宦官之事都没完成，之后的收复失地就更别提了。

虽然郑注把持朝政、卖官鬻爵做了很多恶事，但是他"先除宦官，次复河、湟，次清河北，开陈方略，如指诸掌"的国策也受到很多后人的认可，毕竟最终是死在了和宦官斗争的路上。一般历史上这种名声不好的权臣没有一个是饭桶，必然都有过人的才干，而且不可能一辈子都不干正经事，多少是有点出彩的政绩才能飞黄腾达的。所以郑注也是一个颇为有争议的人。

混迹市井的半仙——张氲

去岁无田种，今春乏酒材。

从他花鸟笑，伴醉卧楼台。

下调无人睬，高心又被瞋。

不知时俗意，教我若为人。

入市非求利，过朝不为名。

有时随俗物，相伴且营营。

——《醉吟三首》张氲

张氲，字藏真，号洪崖子，临汾市浮山人。唐朝著名的隐士、道士。

　　说到著名的隐士，总感觉很奇怪，隐士明明是想躲起来不见人，却偏偏有很多很出名。张氲就不是一般的出名，不过他的故事多记载于《历世真仙体道通鉴》之中，那写的是玄之又玄，姑妄听之吧。

　　据说张氲出生的时候就不一般，是他妈感到一股黑光之后怀的他（这难道不应该是妖怪吗？）。张氲长大以后，身长七尺五寸，玉树临风，眉目如画，言语若钟。还有一门特别的技能，善于长啸，这个现代人是不容易理解的，长啸也能算一门本事吗？但是在古代，啸的确算是音乐的一门。

　　到了张氲该结婚的时候，有人想把闺女嫁给他，但是他是独身主义，非常干脆地拒绝了。他说他很仰慕古代的洪崖仙人，所以自号洪涯子，这就开始过上了道士的生活。

　　话说有一天张氲在山里溜达，碰见一个老头给他指了个地，让他去找景成子，张氲一去还真找见了。景成子又跟张氲说姑射山有个山洞，你去那修炼吧。于是张氲隐居姑射山的山洞里十五年，也不知道这十五年他都吃什么，反正据说等他出来的时候已经和半仙差不多了。练成之后的张氲就出来遍访名山，广结道友。应该就是这个原因，张氲在圈里开始变得很出名。在武则天称帝的时候还召见过他，他没应召。为什么没去不知道，我估摸着他是反对武则天称帝的。

　　张氲经常喝多了就在他的山洞口上睡觉，有一次睡得迷迷糊糊的，看见一个神人，身高有一丈多。神人跟他说："子何不学大隐？九衢三市，稠人翕然暄哗于前。独卧林泉，旷然自适。音夷齐居首阳，是曰小隐。耽伏混世俗，是曰大隐。"意思大概就是：你现在这个隐士，隐得太低端，所谓小隐隐于野，大隐隐于市，你为什么不去大隐呢？

　　然后张氲就开始大隐了，大隐从物质生活上比小隐要好得多，他在洛阳一个官员李娇家中住了十三年。这十三年间有好多听说半仙住在这的人慕名而来，听说他喜欢古董，都带着古董送他。这些古董随便拿出来放现在都是价值连城的国宝，我随便列举几个：孔子穿过的鞋，嵇康打铁用过的锤子，司马子微送给淮南王的药杵等。到李隆基当皇帝的时候，多次召见他，他实在是躲不开了，只好去见了一次，李隆基说："你看咱俩像不像尧帝和许由啊？"张氲说："诶，皇帝可比尧帝强多了，而我比许由可是比不上，不然为什么尧帝叫许由来，许由不来，皇帝叫我来，我就来了呢？"李隆基貌似没听出来这里面讽刺的意思，还挺高兴，打算给张氲封个官做，被张氲婉言谢绝了。之后张氲就混迹于市井之中，经常喝多了和人聊天，然而谁也听不懂他说什么。不过张氲倒是还有不少著作，有《高士传》《神仙记》《阿东记》，可惜都失传了。

隐士在中国一直受到很多人的赞美，可能觉得人间不值得的人很多，隐士不愿与世俗同流合污，所以选择了隐居。这种选择需要割舍尘世种种，自然是需要很大的勇气，也是我们欣赏隐士的原因之一。虽然表面上看隐士并没有为社会做出什么贡献，但是隐士所代表的诗和远方却给我们世俗中的人留下一份向往。

一生治学，桃李天下——尹知章

尹知章，唐代大儒，临汾市翼城县人。

尹知章是一个非常标准的知识分子，谦恭有礼，严谨治学。不像有些伪知识分子，靠着多看几本书出去坑蒙拐骗，给人讲讲女德，给人管理企业瞎出主意。

之前说过古代的帝王身世总是带点神话色彩，没想到知识分子也不例外，传说尹知章从小就特别爱学习。

这里多说一句，学习是个很美好的事，不是只有在学校才叫学习，学校那不叫学习，叫应付考试。真正的学习是努力掌握自己喜欢的事物，是幸福快乐的事。所以热爱学习的尹知章日有所思夜有所梦，梦见有个神仙把他的脑壳打开，往里放了好多名贵药材，从此以后他就开窍了，越学越明白，精通所有经典。

其实这个传说和帝王们神化自己还是颇为不同的，我认为主要是尹知章太喜欢学习，所以自然地就钻研进去了。只要一钻进去，人就像打通了任督二脉一样，越学越精通。

尹知章学成之后去了首都长安，机缘巧合下认识了驸马都尉武攸，武攸发现尹知章学富五车是个人才，所以就给尹知章找了一份工作。到神龙初年的时候，尹知章已经做了太常博士。古代有很多不负责处理朝政但是负责编书修史的文职官员，品级很高，说明我们中国自古以来对文化就很重视。

之前写敬晖的时候说过因为神龙政变，李显做了皇帝。我们写谱学家贾渊的时候说过古人非常重视家族的出身和传承，很多人为了把自己的祖先和名人扯上关系还要贿赂编谱的人。李显也是这么想的，他打算认十六国时期的凉武昭王李暠当祖宗，这样到他这一代刚好凑够七代都是帝王。

就连我们都会觉得这是个很扯的事，更何况尹知章呢。估计是身为知识分子的他实在忍不了这种睁着眼睛说瞎话的事，于是上奏说："咱不能这么胡来，这么扯太丢人啦。"中宗李显听了之后觉得颇为惭愧，此事就作罢了。

睿宗继位的时候听说尹知章有"古人之风，足以镇雅俗"，所以又请他做了礼部员外郎。总之尹知章在工作上一直是以做学问为主，不工作的时候也是，他和几个志同道合的朋友在不工作的时候一起研究学术。

尹知章退休以后也没有放弃他所热爱的一切。中国文人一直以来的志向就是"为往圣继绝学，为万世开太平"。大唐盛世显然不用为万世开太平了，但是为往圣继绝学却是尹知章从未放弃的。退休以后他就回家专心地传道授业，十里八村的学子们全到他家来上课，凡是遇到家境贫寒的学子，尹知章还倒贴钱给他们买吃的、穿的。史书上说尹知章为了能让这些孩子们可以好好学习，倾尽家财。

尹知章死了以后，他的学生为了感念老师的恩德在国子监为尹知章立碑以表纪念。尹知章注解的《孝经》《老子》《庄子》《韩子》《管子》《鬼谷子》都是当时的畅销书，知名度堪比现在的《五年高考三年模拟》。

霍去病驰骋沙场、抗击匈奴，我非常仰慕，蔺相如治世能臣、国之栋梁，我也非常佩服，但是要说最喜欢、最敬仰的人却是尹知章。他不求名利只求真理，把宝贵的知识传给了千千万万的人令人敬佩。

宋初三先生之一——孙复

人生在学勤始至，不勤求至无由期。

孟轲荀卿扬雄氏，当时未必皆生知。

——孙复

孙复，字明复，临汾市尧都区刘村镇东宜村人，是北宋伟大的教育家，和胡瑗、石介并称"宋初三先生"。

宋朝在中国历史上是一个让人又爱又恨的朝代。爱是因为这个朝代文化极为璀璨，可谓登峰造极，是很多文人墨客向往的朝代；恨是因为宋朝的皇帝一个比一个丢人，正所谓"兵怂怂一个，将怂怂一窝"。

宋太祖赵匡胤一条盘龙棍，打遍天下四百军州，开启了朝气蓬勃、昂扬向上的北宋时期。我们要说的孙复也是生活在这个时代。

孙复的家谱保留得比较好，孙复是孙武的第四十九代孙，如此久远都还记住就要归功于中国的谱学了。孙武被称为"兵家至圣"，是一个伟大的军事家。孙复，又是一个伟大的教育家，有点意思。

能被列入"宋初三先生"，可见孙复的名头不小，而且他的名字在《资治通鉴》中多次出现，足见其影响力。可是孙复在早年非常不得志，因为他所处的时代以科举取士。像他的祖先孙武那会儿，只有面试没有考试，想见诸侯王也非常容易，看《史记》就可以发现，经常有些平民百姓有事就直接找到诸侯王那去的情况。而孙复呢？就比较惨了。宋朝的科举制度已经相当完善，由最初的每年到两年，最后在英宗时改为三年一次，每次又分成三级，州试、省试和殿试。孙复想要面见圣上一展抱负，要披荆斩棘，历尽艰险。

不过孙复首先面临的问题还不是科举，是穷。当时大名鼎鼎的范仲淹在南京应天府（今河南商丘）守丧，他就去找范仲淹，范仲淹一看，这小伙子不错啊，就给他找了份工作，还资助他，当时孙复已经三十六岁了。后来范仲淹守丧完毕走了，孙复就去考试，考了四次，州试都没过。好在孙复考试还在仁宗时期，还没确定三年考，否则考四次就是十二年，再考下去，他就要成范进了。

像孙复这样出类拔萃的人，考了四次都没过，至少说明用考试来选拔人才是一个有很大漏洞的方法。不过科举真正的意义可能并不完全是选拔人才，而是给文士们找点事干，防止他们一身的本事没处使，整点乱子出来。文人也是很危险的，比如科举没中就血洗长安的黄巢。我更是感觉其实科举不是选拔人才，而是埋没人才，比如孙复，他就想明白了，不打算考试了，那就当老师去吧。经人推荐他认识了"宋初三先生"中的另外一位——石介。石介跟孙复一聊，感觉孙复真是太有本事啦，刚好石介在泰山有个培训班，就请孙复去讲课。还好他们见面的时候石介没说我这有份去年的试卷，你先做一下我看看，要不就变成"宋初俩先生"了。

孙复开始在泰山讲学之后声名鹊起，去泰山听他讲课的人比去旅游的人都多，也因此孙复被人称为泰山先生。石介的这个小培训班在孙复的主持下一时竟成为宋朝的学术活动中心。

有时候你放下了，反而却得到了。范仲淹等很多在朝的大官听说孙复在野享有盛名，于是就向皇帝推荐他，孙复终于圆了入朝为官的梦，任秘书省校书郎、国子监直讲。

他和石介一起支持范仲淹的"复古劝学"，大力发展教育，孙复的教学理论注重实践，要把所学和当代的情况相结合，是教育上的一大突破。北宋的太学从此兴盛。孙复一直忙着学习和教别人学习，到四五十岁还没结婚，当时的宰相李迪感其贤德，就把女儿下嫁给了他。

孙复一生著有《春秋尊王发微》十二卷、《春秋总论》三卷、《睢阳子集》十卷、《易说》六十四篇。其中很大一部分是他病重的时候写的，当时宋仁宗听说他病重了书还没写完，就想：这要书没写完人就不在了，是多大的损失啊！于是立马派了一个人去负责记录。

孙复病逝后，宋仁宗赐钱为他治丧，欧阳修亲自为他写了墓志铭，可见哀荣极盛。

太行山的抗金英雄——梁兴

梁兴，南宋抗金英雄，临汾人，不过因为梁兴从小开始打游击，所以关于他是哪里人的说法非常多。

梁兴是《说岳全传》里的重要人物之一，在有关岳飞的电视剧里经常出现，是岳飞的得力干将。

说起宋朝的人，就不得不说宋朝的这帮皇帝，宋朝的皇帝是个顶个的不成器，宋朝的百姓却是个个忠肝义胆、为国为民。宋朝国力强盛，却因为皇帝一直怯战，所以一直是被金国欺辱。拿破仑说："一头狮子带领的一群羊可以打败一只羊带领的一群狮子。"这话用来形容宋朝太合适了。朝廷不给力，老百姓只好自己想办法。当时民间自发组织了许多的抗金组织，有王彦的八字军，有梁兴的忠义社等等。不知道赵构他们一家子知道老百姓自发组织了这么多保家卫国组织，自己一天天地不思进取，臊不臊得慌。

就是这么一种情况下，才有梁兴组建的太行山忠义社。当时大金已经攻下了山西，山西一直是名将辈出，韩愈也说："燕赵之地，自古多慷慨悲歌之士。"所以有血性的山西人里自然有大把不愿做亡国奴的，梁兴召集这些人组成了一支游击队，出没于太行山脉，所以叫太行山忠义社。梁兴带领太行山忠义社在八九年间与金军交战数百次，光杀死金军头目就有上百人。忠义社在太行一代威名远播，梁兴被老百姓们亲切地称为"梁小哥"。

梁兴带领着忠义社的几千人一直想南下和南宋军队汇合，可是中间隔着刘豫的伪齐，直到大英雄岳飞横空出世。岳飞打金军都不在话下，何况抵抗意志薄弱的伪齐军队？随着岳家军向北推进，梁兴终于见到了精忠报国的岳飞。史书记载："太行山忠义社梁兴等百余人，慕飞义率众来归。"

岳飞见到了慕名已久的"梁小哥"非常高兴，于是请奏把忠义社收编了，从此梁兴的忠义社成了正规军，也是岳家军的一部分。翻阅史书发现宋朝收编了不少民间的抗金组织，而且这些民间的抗金组织作战甚至比正规军要勇猛。梁兴加入岳家军后也是屡立战功，虽然他带着忠义社一帮人归附了岳飞，但是忠义社在广大的敌后还有很强的势力，在岳飞的指挥下，梁兴和他们里应外合，收复了大量的失地。

岳飞带领的宋军和完颜兀术带领的金军有一场大战，直接关系到能否光复宋朝的大好河山。这也是岳飞第四次北伐，岳飞率领大军从正面迎敌，并派梁兴等人潜入太行山联系各路抗金组织，从六面包围金军。梁兴本来就是组织游击队出身的，又在太行山一代享有威名，这一出手就如蛟龙入海。

当时金军有两种引以为傲的作战兵种：铁浮屠和拐子马。铁浮屠就是重装骑兵，拐子马就是把三个骑兵用铁链连起来。没想到岳飞早有对策，只要铁浮屠和拐子马一出来，就有一帮步兵敢死队手持麻札刀冲入敌阵，头都不抬只砍马腿，砍一条马腿三个骑兵就都废了，真不知道金军把骑兵连起来有啥用。史书记载："是役也，以万五千骑来，飞戒步卒以麻札刀入阵，勿仰视，第斫马足。"

随着岳飞在正面战场的突破，梁兴率领的忠义社与两河豪杰也是大破金军，累战皆捷，中原大振。宋军本可以趁势渡过黄河收复失地，可惜啊，后面的事就不想说了。总之岳飞惨死风波亭，梁兴悲愤不已，郁郁而终。

宋朝的皇帝就是扶不起啊，越是窝囊的皇帝越发显出民间勇士宝贵的忠义和抗争精神，虽然岳飞、梁兴等壮志未酬，但其忠义却是流传千古。

作诗换酒的奇人——王予可

翠雀衔云堕翠芜，砥峰倒影卧平湖。

飞花不到穿帘月，高倚晴天一剑孤。

——王予可

　　王予可，字南云，临汾市吉县人，宋朝著名诗人，也是个奇人隐士。

　　虽说王予可是宋朝著名诗人，但是宋史里面没找见关于他的记载。倒是金史的隐士列传里有他的故事，因为那时候山西基本上属于大金了。这就是中国汉文化的伟大之处，无论是谁入主在这片土地，都有汉人过去说："你这不对，你得这么玩。"于是给他们修史、调整制度、发展文化教育，最后他们变得和汉人一样。

王予可的父亲是一个小军官，他也曾经当过兵，据传王予可长得高大威猛，相貌惊奇，不知相貌惊奇算不算夯人，不过从长相来说应该很适合当兵，但是他的性格并不适合当兵，所以后来就不当了。王予可在三十多岁的时候大病了一场，然后就跟疯了似的，变得很癫狂。

史书记载他疯癫的时间长了就突然变得能写诗了，这太让人羡慕了，好多人一辈子都写不出来像样的诗，比如乾隆，一辈子做了四万多首诗，估计平时说话都是诗歌体的，但是没有一首足以流传。

王予可的待遇可就好得多，只要他走到大一点的城市就有一帮人慕名而来，争着给他好酒和纸笔，请他给写点东西。王予可也是提起笔来就写，写的什么都有，基本上是想起什么写什么，文体不限，有诗词、散文，有时候就一个句子。但是不管他写什么，拿到的人都如获至宝，小心翼翼地拿回家供起来。

为什么他每到哪儿，别人都认识他呢？古代又不跟现在似的，没有记者，没有朋友圈的。因为他实在过于特立独行，只要一看就知道是他，打扮就和别人不一样。史书记载他本来长得就奇怪：两个脸蛋发绿，头戴青葛巾，然后吊两个带子到脖子后面，和牛耳朵一样，脑袋上戴个金环，衣服特别短，总是露着两条腿，所以也被人叫"王赤腿"。他的行为也是非常不羁，走到哪儿累了找个破地就睡，身边有尸体啊、蛆虫啊，他都不在乎。而且他遇见文士则自称为"大成将军"，于佛前则自称为"谛摩龙什"，于道则自称为"驺天玄俊"，于贵游（无官职的王公贵族）则自称为"威锦堂主人"。这么一个神人，肯定是走到哪儿都能引起围观的。

经常有人向他提问，他张口就答。回答的时候常引经据典，但是他引的经典都是没人听过的，而且思路一会儿条理清晰，一会儿杂乱。

有名士说他的诗在当世能懂的人不过百之二三。

宋金时期的百姓都过得不算顺心。虽然很多学者说宋朝的 GDP 如何高，文化产业如何丰富，但是国破家亡，人们生活在对皇帝的失望和对金人的恐惧之中，偏偏宋朝又非常富庶，这就造成了很多人只能选择醉生梦死的生活。山西早在春秋之前就是华夏文化的中心，这时候又偏偏受制于金人的统治。在这样的环境下有王予可这样的奇人，也是一种社会现象的反映吧。

遣词造句别忘了这两位 —— 刘渊、王文郁

三辅黄图五色描，别风松诣望僬侥。

尹家铺子中和轩，并峙南朝与北朝。

——叶昌炽

刘渊，金代著名声律家，临汾市尧都区人，著有壬子新刊《礼部韵略》。

王文郁，祖籍河南嵩州，金代著名出版家，自父辈起落户山西平阳（今临汾市尧都区）。

先说说《平水韵》是什么。我们遣词造句、吟诗作对都少不了要押韵，这就是古诗读来朗朗上口的原因。《平水韵》就是整理了各种

韵脚的一部工具书，可以帮助你很好地押韵。

而《平水韵》的作者、编者还有出版商都是临汾人。刘渊是作者，王文郁是编者兼出版商。不过也有学者认为王文郁编的《平水韵》可能比刘渊的壬子新刊《礼部韵略》更早，历史太久远现在说不太清，但是有一点可以肯定，那就是《平水韵》肯定是跑不出临汾的。刘渊所留下的资料实在是太少，咱就说说王文郁吧。

山西虽然现在发展相对落后，但是在古代却是个灾害很少的风水宝地。特别是临汾，远不是现在的一个四线城市，而是当时的大都市，经济、政治、文化都非常发达。王文郁的父亲就是在临汾开出版社的，出版社在现代可能哪都有，但是在当时可是只有经济和文化非常发达的城市才有。

出版业在当时是蓬勃发展的一个行业，因为北宋时期毕昇发明了活字印刷，让出版印刷变得事半功倍，所以到王文郁的时候已经是非常普及了。

从王文郁的父亲在临汾创立"平水书籍"到王文郁创立"中和轩"历经金元两代百余年，是当时历史最悠久、影响力最大的百年老字号。但这并不是王文郁的最高成就，他最大的成就是编修平水新刊《礼部韵略》简称《平水韵》。为什么叫《平水韵》呢？并不仅仅是因为他们家的出版社叫"平水书籍"，而是因为临汾古称平阳，山之南水之北为阳，所以平阳又叫平水。《平水韵》算是一本工具书，汇总和规范了古人诗歌写作时所用之韵。王文郁觉得宋人所著的《广韵》太过于烦琐不利于学习，所以把《广韵》的206韵合并为106韵，并且详细地做了校对和注解。此书一出，立刻受到广大学子的欢迎，谁不愿意更高效地学习呢？王文郁看到《平水韵》大受欢迎非常高兴，又去请当时的著名诗人许古为《平水韵》作序，并正式定名为《平水新刊礼部韵略》。

许古评价《平水韵》："精加校雠，又添注语，即评且当，贵与旧本远矣。"王文郁不但是当时最大出版社的老板，而且非常专业，编修出远超前人的《平水韵》，可见他并不是一个只有铜臭味的商人，而是一个对文学有情怀的儒商。笔者一直认为只为了赚钱是做不成好企业的，心怀更高远的目标，才能成就影响时代的企业。

王文郁的故事已经说完了，但是《平水韵》的故事远没有结束。到清代的时候，来自北方的统治者高度重视和喜爱汉文化，很多皇帝都有吟诗作对的喜好，所以对韵学也非常上心。康熙年间张玉书等人奉旨将王文郁的《平水韵》编撰为《佩文韵府》，《平水韵》受到了钦点，成为清代官韵。

直到现在研究唐诗宋词的学者和爱好者依然是手捧王文郁的《平水韵》。这几年兴起国学热，很多教孩子声律启蒙的教材也是由《平水韵》改编而来的。

河汾诸老之一——麻革

稍稍林间布谷声，村南村北水云平。

偶来竹寺看山坐，闲听清溪绕舍鸣。

——麻革

麻革，字信之，号贻溪，临汾市尧都区人，一说是永济人。金元时期的著名文学家和诗人，河汾诸老之一。河汾诸老是金元之际活跃在河汾一带的八位大文豪，分别是麻革、张宇、陈赓、陈庾、房暤、段克己、段成己、曹之谦。

麻革家世显赫，他爸麻秉彝是一个不小的官，官拜兵部侍郎，放现在也是中央级别的。也有一说麻秉彝是麻革的爷爷。看待历史吧，不能太儿戏也不能太较真儿，因为我们都穿越不了时空，真相无从得知，重要的是它留给我们什么。

古代的很多诗人都有一个共同的特点，不是条件优越到不愁吃穿，就是君子固穷到不愁吃穿，反正大部分都是不以赚钱为目的生活。麻革两者皆是，他爸是大官，所以他就算不是家财万贯也是衣食无忧，不过麻革和五柳先生陶渊明一样厌恶官场，一直不愿意做官，所以晚年生活比较贫困。即使有了科举制度，读书人的出路也很窄，不是做官就是教书，除此以外就没什么稳定的经济来源了。

相传麻革八岁就能提笔成文，到十四岁突然变哑巴了，哑了以后拿起笔来就狂写了十几首诗，但是他自己却不知，然后倒头大睡，一觉醒来不哑了，而且文章写得越来越好。这事虽然记载于府志之中，但是不是真的就不好说了。

在麻革生活的年代，山西属于金国。当时的金人已经被同化得和汉人差不多，完全丧失了当年游牧民族的悍勇。辽、金、元这三波入侵中原的游牧民族就像是历史重演了三遍，都是入侵中原以后被同化，丧失了战斗力之后被草原上新兴的游牧民族代替。看历史最有趣的就是发现历史总是惊人的相似。

这时候的金人也完全照搬汉文化，兴办太学。麻革长大了就进了太学学习，但是他不想当官，所以一直也没考进士。麻革年轻的时候就喜欢寄情山水，总是和几个同样喜欢诗文的朋友一起游玩于秀丽的山水之间，这其中不乏当时的名士。

后来蒙古军攻打金国，麻革献策护城，但是守城将领崔立献城投降了，在胁迫下麻革还得给崔立立功德碑，为此还被赐为进士，不过麻革是非常不情愿的。

蒙古军有多强悍大家都知道，很快中原改朝换代为元。这时候的麻革四处溜达，结交天下名士。他在做贾非熊（这名字起的）门客的时候认识了蒙古的开国功臣耶律楚材。耶律楚材也是大文豪，非常欣赏麻革的文才，还赠诗一首给他。赠诗是古代文人间非常流行的一件事，个人觉得比现在发红包强得多。给麻革赠诗的非常之多，出名的就有元好问、陈赓、雷渊等一众大文豪。麻革更是被元好问称为海内名士。

麻革生性豪爽豁达，喜好结交好友，人缘非常好，但是生逢乱世，麻革只好把功夫都花在旅游、交友和作诗上，也算是一种对现实的逃避吧，不过这也成就了一代大诗人。

麻革一生作诗无数，现存三十六首，另有《游龙山记》等名噪一时的文章多篇。

断臂求法——崔法珍

崔法珍，临汾市襄汾县汾城镇人，一说是山西长治人，募捐刻《赵城金藏》，被金廷赐"紫衣弘教大师"。

崔法珍本是一个普通人家的闺女。有一天，一位法号实公的有道高僧来到她家中，这位高僧发下宏愿，要雕版印刷《大藏经》，于是云游四方为此募捐。当年崔法珍只有十三岁，知道此事后，毅然决然要追随实公法师。因为年代久远，记载又少，所以我们不知道具体发生了什么，但可以肯定的是十三岁的崔法珍自断一臂，立誓要追随实公法师完成大藏经的镌刻。我猜想是实公法师不忍心带着一个小姑娘颠沛流离，但是崔法珍志向已定，甚至砍了自己一条胳膊立誓明志，这样的决心怕是谁也难以拒绝了。至于为什么一个十三岁的小姑娘能有此决心，却是我们这种俗人只能仰慕不能理解的。

崔法珍便跟着实公法师一路学法，一路求人布施。后来实公法师圆寂，崔法珍便接过重任继续为镌刻《大藏经》四处奔走。实公法师之前为镌刻大藏经已经努力多少年我们不得而知，但是自崔法珍十三岁起历经三十年终于凑够了钱和经卷，其间崔法珍收徒七十二人和师兄慈云法师皆为镌刻大藏经出力，终于在金熙宗皇统九年于运城的天宁寺完成了《大藏经》的雕版印刷。当时活字印刷的技术还没有成型，所雕的板件竟有十六万块还多。《大藏经》雕成之后，崔法珍将其带到燕京，受到金世宗的重视，金世宗深受感动，封崔法珍为"紫衣弘教大师"，之后崔法珍又把雕版带到当时印刷技术较好的中都，把经文印刷流通。崔法珍的故事就到这里了，但是大藏经却又经历了八百多年的沧桑和坎坷。

因为这套《大藏经》成于金代，被发现于当时属临汾赵城的广胜寺，所以被后人称为《赵城金藏》。按理说当时《赵城金藏》已经雕版印刷不只一套，应该所存甚多，但是宋、辽、金、元本来就是动荡的年代，到《赵城金藏》被世人在民国时期发现的时候已经过了八百年，其间不知道又经历了多少动荡，所以只有广胜寺还存有最为完整的《赵城金藏》。《赵城金藏》能被发现也是一段机缘巧合，民国时期范成法师偶得一部《碛砂藏》，打算重新印刷，但是他所得的《碛砂藏》已经不完整，所以他四处寻访古寺想要补完《碛砂藏》。找到广胜寺的时候大吃一惊，没想到寺内竟然存有五千余卷的大藏经，是存世最完整、最古老的大藏经。于是范成法师干脆就住在广胜寺不走了，专心研究《赵城金藏》。通过范成法师的研究终于发现这部《赵城金藏》和崔法珍的感人故事。

可叹的是当时中华民族正处于风雨飘零之际，《赵城金藏》这样的旷世国宝被多方势力觊觎，在广胜寺力空主持和本地游击队的努力下，国宝《赵城金藏》从广胜寺转移出来。

　　之后因为战事紧张，《赵城金藏》又多次转移和埋藏，终于在新中国成立后重见天日，现收藏于北京国家图书馆。

　　2016 年临汾市开展了《赵城金藏》认捐复刻回归广胜寺的活动。现在大家已经可以在广胜寺重新看到《赵城金藏》了。从崔法珍到现在认捐的公益人士，《赵城金藏》不仅是一件无价之宝，更是中华好儿女的见证。

金朝大将——王佐

王佐，字辅之，金朝大将，临汾市霍州人。

临汾自金太祖完颜阿古达建立金以来就在金朝的版图之内，金国一百多年自然出了很多忠臣良将。虽然我们赞扬抗金英雄岳飞，但也同样赞扬为了大金而舍身取义的忠义之人，毕竟中华民族是一个整体，期间不断有民族融合。虽然我是汉人，但是我估计这个血统并不纯正，山西大部分人应该有游牧民族基因，所以我们现在应该以整体的视角去看待我们中华大地上的每一个朝代和民族。

王佐所在的年代应该和《射雕英雄传》中的郭靖所处年代差不多，当时有南宋、金、西夏、蒙元等很多国家相互争斗。其实在蒙古崛起之前宋金已经相安无事很多年，但是中国自古以来就一直追求成为一个统一的国家，所以只要分裂就会面临战争。

金人立国一百余年，蒙古人开始南下入侵占领金的疆土。王佐出生在一个普通农户家中，从小轻财好施，善于骑马射箭。轻财好施这一点太有钱是做不到的，因为越有钱施的时候就会感觉失去很多；太穷也是做不到的，因为太穷了就没有可以施的东西了。王佐这样的品质在平时可能看不出来有多大的能量，但是在面临蒙古入侵的时候竟然可以召集起来数千人抵御蒙军，保卫了霍州。

王佐因为骁勇善战，先是被平阳的主事官员任命为忠勇校尉、赵城丞、迁霍邑令、同知蒲州军事、权招抚副使、蒲州经略使，之后又被金宣宗封为宣武将军。

但是金朝毕竟大势已去，蒙军攻下青龙堡时王佐被俘。英雄总是出现在国家风雨飘零之际，虽然金朝江河日下，王佐还被俘，妻儿老小全被蒙军元帅崔环控制，但是王佐依然不愿放弃，他联合与崔环不和的成天祐打算诛杀崔环。成天祐问他："你的妻儿老小怎么办？"王佐说："我是为了国事顾念家小的人吗？"之后他们很顺利地在崔环打猎的时候把他暗杀了，并收复了霍州、汾西一带。

王佐的妻儿老小有没有因此而死，史书上没有记载，但是在小家和大家之间的抉择在我看来是很难的，我们的先人自古就有舍小保大的传统，我只能希望我们不会面对这样的抉择。

作为金朝的统治者肯定非常赞赏王佐的行为，封了他为龙虎卫上将军、元帅右监军、兼知平阳府事。王佐死于之后的战争中，被追封为金吾卫上将军。

画工——朱好古

朱好古，临汾市襄陵人，元代著名的画工、艺术家。

有很多酸腐的伪知识分子总说中国古代缺少艺术家。理由也很简单，就是在中国古代很多艺术和工匠是分不开的，比如各种精美的雕刻艺术、壁画、建筑等。在古代这些都是工匠们的作品，这一点没错，但是不代表工匠就不能是艺术家。中国古代的这些作品不但工艺精美，而且实用价值很高，可以说是为群众而创作的，不一定非得是脱离群众的才能叫艺术。毕竟艺术本身并不是多么的神秘，只是一种表现形式。

朱好古就是这一类艺术家中的佼佼者，他是个画工。朱好古在当时北方画工界处于领袖地位，非常出名。有多出名呢？就好像电影《唐伯虎点秋香》里演的一样，只要能得到他的一幅画，都要当成传家之宝好好供着。抢着拜他为师的人能把他家门槛挤破了，只要拜朱好古为师，那作画落款的时候就可以写上禽昌（襄陵古称）朱好古门人某某，然后身价倍增，就跟中世纪的欧洲贵族自我介绍的时候都要提一下我是谁的儿子一样，不然显得没身份。

朱好古出生于元朝，游牧民族的蒙古人不是很重视农耕文化，对于汉人的艺术更是不屑一顾，还将人严格地分了三六九等，朱好古这个营生和九儒十丐一样也是最末流的。虽然蒙古人不重视文化，但是在元代民间文化却发展得很好。正是因为元朝的统治阶层很多大字不识，所以对文化并没有有力的监管，反正也看不懂，因而元代的文字狱在历史上是很少很少的。读书人被统治阶层看不起，堵了读书人入朝为官的路子，所以大部分读书人就不得不放弃"修齐治平"的理想，一门心思发展文化。宗教也在这个时期蓬勃发展，因为蒙古人虽然不喜欢汉人的文化，但是很喜欢宗教，《射雕英雄传》里成吉思汗很尊敬丘处机是真有其事。

朱好古的画就受到了宗教的影响，因为他本身就是画工，经常被请去寺庙和道观画壁画，现在山西境内有很多庙宇和道观能看到他的壁画，比如稷山县兴化寺的《七佛说法图》（现存于北京故宫博物院）《弥勒说法图》（现存于多伦多博物馆）等，他徒弟的画就更多了，很多地方还都能看到落款为朱好古门人某某的壁画。

相传朱好古的画功非常之高，想画大的就看你墙有多大，想画小的可以在绢帛上画出秀丽的山水，而且从他的画作中可以看出其文化素养很高。襄陵本来就是个出人才的地方，我们写过的就非常多，和朱好古同一时期的也不少，当时襄陵还有张茂卿、杨云瑞以画闻名，和朱好古并称襄陵三画。

还有学者认为朱好古的画表现出他对蒙古统治者的反抗，我觉得这个有点过度解读了，不过客观上说，朱好古充满了浓郁汉文化元素的画作在一定意义上的确对传承中华传统文化做出了贡献。

元代四大杂剧家之一——郑光祖

山西被誉为"中国戏曲的摇篮"，而临汾绝对算得上是这个摇篮的重镇。元代有两个活跃的戏曲中心，一个是元大都北京，另一个就是平阳。仅是国家级戏曲类非物质文化遗产就有：蒲剧（蒲州梆子）、翼城琴书、曲沃琴书、曲沃碗碗腔等。

临汾的戏曲还有深厚的民间基础，全国现存八座元代戏台，临汾有东羊后土庙，魏村牛王庙王戏台，王曲东岳庙戏台，翼城县西闫镇曹公村四圣宫戏台，翼城县南梁镇武池村乔泽庙戏台共五座，散落在临汾大大小小村落里的戏台更是不计其数，现在村里仍有逢年过节听戏的传统。

这一切不是没有原因的，我相信这离不开文化在临汾这方沃土上的传承。在戏曲鼎盛的元代，临汾涌现出大量优秀的元曲家。

郑光祖，字德辉，汉族，临汾市襄汾人。与关汉卿、马致远、白朴齐名，并称元代四大杂剧家。

郑光祖年少时就深受戏曲文化的熏陶，青年时已经投身于元杂剧且享有盛名了。通过钟嗣成所著《录鬼簿》（《录鬼簿》专门记录当时戏曲工作者的书籍）可以得知他早年靠儒学为生，后来在杭州做官不得志，便投身于戏曲的创作，这似乎是元代很多文人的缩影。他一生写过十八部杂剧剧本，保留至今的有：《迷青琐倩女离魂》《㑇梅香骗翰林风月》《醉思乡王粲登楼》《辅成王周公摄政》《虎牢关三战吕布》等。

郑光祖先是靠儒学为生，后来又因为人方直在官场上混不开，给人感觉是一个颇为古板的人。但是他全心投入戏曲创作之后，却展现出惊人的才华，笔法华丽优美、风格潇洒浪漫。明代的著名戏曲评论家（相当于现在的影评人）、戏曲理论研究者何良俊甚至认为郑光祖的戏曲造诣犹在关汉卿、马致远、白朴之上。他说："王粲登楼第二折，摹写羁怀壮志，语多慷慨，而气亦爽烈，至后《尧民歌》《十二月》，托物寓意，尤为妙绝。岂作脂弄粉语者，可得窥其堂庑哉。"著名文史学家刘大杰也说："这些曲词，表现出思乡之情和怀才不遇的愤慨，情感的真挚，意象的高远，语言的俊朗，能与人物当时的心境相映衬。"

郑光祖虽然是临汾襄陵人，但其主要创作地点是在杭州，他在当地非常受欢迎，与当地的戏曲工作者交往密切。中国历史其实一直是一个人口、文化、经济从北向南迁移的历史，而郑光祖正是将北方文化带到南方的重要传播者之一，山西被誉为"戏曲的摇篮"正是因为山西人将戏曲带到了大江南北。

郑光祖死后由当地的戏曲工作者将他葬于灵隐寺，足见他在杭州戏曲界的地位之高。

虽然郑光祖一生做官不得志，但是在艺术上给后世留下了更美好的事物，从这个角度看，我觉得做官不得志反倒是一件幸事。

允推元代一大家——张翥

醉胆望秋寒。星斗阑干。小窗人影月明间。客里不知归是梦，只在吴山。

行路自来难。长铗休弹。黄尘到底浣儒冠。一片白鸥湖上水，闲了渔竿。

——张翥

张翥，字仲举，号蜕庵，临汾市襄陵人。元代著名诗人、词人。

我们现在听着张翥感觉并不出名，这是由固有观念造成的，这个固有观念就是唐诗、宋词、元曲。所以我们熟悉的诗人都是唐代的，熟悉的词人都是宋代的，但是不代表唐代没有好词，宋代没有好诗。

　　张翥就是元代很杰出的诗人和词人。清吴衡照赞扬他是"出南宋而兼诸公之长""允推元代一大家"。陈廷焯更是认为张翥"元词之不亡者，赖有仲举而"。可见张翥在诗词上造诣之高，不过张翥年轻的时候可是个时尚的叛逆少年，他爸爸是管财政的官吏，那么他也算个官二代，每天不好好学习，喜欢踢球、玩音乐，豪放不羁，这样的人放现在估计是要迷死万千少女了。

　　他爸爸看着他这样非常发愁，可是突然有一天张翥说："爸你不用担心，我要开始用功了！"然后他真的就开始用功了，闭门谢客，白天晚上地读书。

　　就是有这么一种人，他玩你也玩，他开始学习了你还是玩，然后人家就成功了。张翥颇有"此鸟不飞则已，一飞冲天，不鸣则已，一鸣惊人"的感觉，张翥不但努力用功读书，还拜了很多名师，学成之后便以诗文知名一时。而且张翥书读多了，变得非常君子，不再狂放不羁了，过着隐士的生活。这时的张翥不但会踢球，还能写歌、写诗，正是文体两开花，德智体美全面发展。

　　因为张翥如此优秀，元朝政府修史的时候就把他找去做翰林国史院编修官，汇编宋、辽、金三史。中国古代虽然每个朝代都会记录自己的历史，但是总结和编修都是下一个朝代的事，这个习惯非常好，正是因为这样我们现在才能看到这么多精彩且相对公正的历史。

　　张翥非常喜欢和人聊天，探讨各种事物，而且谈笑风生、风趣幽默，非常招人待见，所以集议时政时他作为中书也经常参与。有一次大家都在议论，只有张翥不说话，丞相搠思监就奇怪了，问道："仲举啊，平时不就是你最能说吗？今天怎么不吭声啊？"

　　张翥说："大家说的都很对，但是事有轻重缓急，先执行什么就是靠丞相定夺了。"意思是该说的都说了，咱先干啥就看你的，我们也做不了主。丞相搠思监觉得太有道理了，第二天升了张翥的官。

　　至正二十四年（公元 1364 年），孛罗贴木儿打着"清君侧"的名义，攻入大都，命张翥撰写诏书削夺扩廓帖木儿的官爵，张翥毅然不从，身边的人都劝他赶紧写吧，现在惹不起孛罗贴木儿啊。可是张翥说："就是把我胳膊砍了，我也不给乱臣贼子写诏书。"孛罗贴木儿也是个人物，并不以此为怨，就让别人写了。

这就是古代文人的骨气，这个时期已经是元代末期了，基本上知识分子已经承认了元朝的统治，所以自然不能为孛罗贴木儿这样的乱臣干活。不过从现在的角度看也挺有意思的，因为现在来看我们众多民族都是一家人，而且张翥是汉人，竟然在蒙古人的内斗中彰显出文人的风骨。当然从当时的时代背景来看这是非常了不起的。

张翥一生所著众多，但是很快朝代更替，所以大部分没有保存下来，存下的只有《蜕庵集》四卷，词两卷，这也足以作为中国文学史上重要的一篇。

出身女真的元曲家 —— 石君宝

石君宝，名德玉，字君宝，女真族，元曲家，临汾人。

山西临汾作为戏曲的发源地，出现的元曲家不要太多。因为元代的统治者最初大都目不识丁，所以对文化的重视程度较低，以至于文人都去写剧本了。这其实也有好处，就是产生了元曲，丰富了我们老百姓的文化娱乐生活。

石君宝虽然不在四大元曲家之列，但是石君宝却写出了很多不朽的传世之作，而且石君宝是更早于关、郑、马、白之前的元曲家，对后世颇有影响力。

据记载石君宝在金朝曾经从军，而且不是普通的小卒，最后官至武德将军。武德将军是正六品，虽然算不上是高官，但是也足以说明石君宝并不是一个文弱书生。

这位武德将军在金朝覆灭元朝当政之后就放弃仕途了，从此再也不出来做官，摇身一变成了戏曲家，反差之大让人惊叹。

石君宝特别擅长写女性题材的戏曲，其中最出名的是《秋胡戏妻》，流传至今仍在上演，而且是很多剧种都有，最著名的是京剧《桑园会》就是据此改编。简单来说是讲春秋时期有个叫秋胡的人刚结婚没几天就应征入伍，然后秋胡的妻子罗敷历经各种艰难保护家庭、侍奉婆婆，但是过了十年，秋胡高官得坐、骏马得骑回来的时候，已经不认识妻子了，还在桑园调戏人家，罗敷也没认出来他，但是等秋胡到家以后，罗敷发现秋胡竟然是调戏她的那个流氓，觉得这个丈夫简直没法要，于是要求离婚，有的版本是自尽。

可以看出来秋胡的妻子是一个非常优秀的女性，她既有传统的美德，又有不受传统所束缚的三观，可以为丈夫守十年的活寡，也可以因为丈夫的不忠果断选择离异，真是令人敬仰。

石君宝把女性塑造得这么好，应该是非常尊重女性的一个人，也可能是对男性有很多的失望。毕竟石君宝处于金元交替之际，无论是金是辽还是宋，若是当权者真有几个大好男儿何至于家破人亡呢？

言辞辛辣的段子手——张鸣善

这帮沽名钓誉之辈
看我今天怎么损你！

铺眉苫眼早三公，裸袖揎拳享万钟。

胡言乱语成时用，大纲来都是哄。

说英雄谁是英雄？五眼鸡岐山鸣凤。

两头蛇南阳卧龙，三脚猫渭水飞熊。

——《水仙子·讥时》张鸣善

张鸣善，名择，字鸣善，自号顽老子，临汾人，元末明初的诗人、元曲家。

因为张鸣善的作品遗失严重，更具体的生卒和籍贯已经无从知晓，但是元代诗人张翥称张鸣善为同宗，那么说不定张鸣善也是襄陵人。

虽然他的作品遗失了非常多，但是关于他具体是哪里人的记载和争议倒是不少，有说是湖南的，有说扬州的，这是因为元代的文人特别喜好交游。他们这帮人放浪形骸哪都去，碰上知己好友就直接在那住几年，找到心怡的居所干脆就定居不走了，而且张鸣善曾官至宣慰司令使，做官的流动性也比较大，所以才有很多关于张鸣善是湖南、扬州人之类的记载。

张鸣善的散曲有个特点就是吐槽特别犀利，说话特别损，而且直刺时事与人心，同时内容又特别的好懂。比如这首咏雪："漫天坠，扑地飞，白占许多田地。冻杀吴民都是你！难道是国家祥瑞？"我们一般都喜欢说瑞雪兆丰年，但是在南方自古就缺少冬季取暖设施，张鸣善从普通百姓的角度出发描述了大雪天给吴地民众带来的苦难，又讽刺了许许多多对上阿谀奉承之人。

张鸣善最出名的就是文章开头的散曲《水仙子·讥时》，写的是尖刻犀利之极，就好像用锥子扎人一样，虽然有很多大白话，但是用典极多。只要我们把其中的典故了解了就明白了。

三公是指大司马、大司徒与大司空这一类国家级干部，万钟是指高薪，钟是古代一个很大的计量单位。南阳卧龙是说诸葛亮，渭水飞熊是指姜子牙。短短几句把当世的高官显贵、风流名士全都骂了一个遍，讽刺那些所谓英雄名人不过是一些起哄架秧子的三脚猫和两头蛇。不光是骂得痛快淋漓而且文采飞扬，数字对数字、地名对地名、动物对动物不算，更妙的是同句之内的鸡与凤、蛇与龙、猫与熊都还挺像，又毫无违和感地把文人习用的雅语颂辞和民间骂人的语汇联在一起。如果他生活到现在，一定是非常红的网络段子手。

很多文人喜欢歌颂曾经的一个时代，然后毫不客气地批判当下这个时代，现在有个词管这个叫"黄金时代综合症"。但是歌功颂德谁都会，能不断地批判才能不断地进步，所谓良药苦口利于病，忠言逆耳利于行，用"黄金时代综合症"形容张鸣善这一类的文人显然不合适。

他是批判者，时代的点醒人。

因为他以及他这样文人的存在，我们才能更深刻的了解那个时代。

忽必烈的重臣——许国祯

许国祯，字进之，临汾市曲沃人。

许国祯是个官三代，也是医三代。他爸、他爷爷都是节度使，而且全家精通医术，包括他妈都能给太后看病，真是家学渊源。

读书人、官员、医生在古代有很大的交集，经常是兼而有之。因为想要学医必须得识字，得能看懂医书啊。在古代又会看病，又识字可是个很了不起的事，可以给官职。古代的书也没我们现在这么多，很多读书人都看过医书懂点医术，而且中国的医学理论是很了不起的。医家是诸子百家中的一家，中医的理论不但可以治病还可以用作治国，所以很多人都身兼这三个身份：读书人、官员、医生。

许国祯就是这种人。他当时效力于元代的忽必烈，忽必烈是成吉思汗的孙子，《神雕侠侣》里和杨过一起喝酒的那位。这时候就要提一下，所有在我们中华沃土上生活过的民族都是我们的一部分。虽然我们赞扬卫青、霍去病的英勇，但是我们也不应该否定作为我们历史和文化一部分的辽、金、元等的游牧民族政权。

当时忽必烈有个爱妃眼睛出了点毛病，一个医生去给她治，因为太紧张把王妃的眼睛扎瞎了。忽必烈大怒要杀了这个医生。许国祯就去找忽必烈说："罪固当死，然原其情乃恐怖失次所致。即诛之，后谁敢复进？"意思是此人虽然该死，但他是因为紧张才失误的，你要是杀了他，以后别人更害怕了，谁还敢来看病啊？这说得很有道理，就算忽必烈又找来其他医生，新医生只会更害怕，这次是太紧张扎瞎了眼睛，下次更紧张给弄死了咋办？估计忽必烈也是这么想，认为许国祯说的有道理，就放过了那个医生，还赞许许国祯说以他的耿直做一个谏臣都没问题。

许国祯是很得忽必烈信任的，经常给他看病。有一次忽必烈脚疼，许国祯说少喝点马奶，然后开了一服药。忽必烈喝了一口说："咋这么苦？我不喝。"许国祯说："古人有言：'良药苦口利于病，忠言逆耳利于行。'"这个场景和我小时候家里哄我喝药一模一样，可惜忽必烈没我听话，许国祯也不敢凶他。过几天旧病复发了，他还专门把许国祯叫来说："我没听你的，果然又脚疼了。"这就算变相道歉了。伟大的人自然有其伟大之处，坦然面对自己的错误并不是人人能做到的。许国祯说："您已经明白'良药苦口利于病，忠言逆耳利于行'的道理了，这不是脚也没白疼吗？"

许国祯虽然耿直，但是也挺会说话的。本来忽必烈病恹恹地在床上躺着，听他这么一说顿时高兴了，赏了许国祯一个七宝马鞍，很有蒙古人的特色。

忽必烈建立了元朝，实现了他爷爷成吉思汗的梦想，但是一将功成万骨枯，这一路上必有不少黎民百姓要受难。好在忽必烈很能听进去许国祯的话，在许国祯劝谏下数十万人免于坑杀。可惜当时战火连天，就算不死于战争，也免不了要饿死，许国祯又找来军粮赈济难民，救活了数十万人，可谓功德无量。

忽必烈继位之后，天下基本太平了。但是创业容易守业难啊，怎么办？许国祯说了一段很简单的话，真的是字字珠玑，原话是："慎财赋、禁服色、明法律、严武备、设谏官、均卫兵、建学校、立朝仪，事多施行。"道理什么时候都不会过时，各朝代的帝王们只要能做到都可以国泰民安。但是说起来容易，要怎么做呢？许国祯又推荐了一大帮有才能的名士，有了方案又有了人执行，忽必烈终于安心了。

许国祯因功被升为光禄大夫，说光禄大夫大家可能没什么感觉，解释一下，元代的光禄大夫是从一品官！

忽必烈每次不叫许国祯的名字，而是叫他许光禄，这很像我们叫领导是某局长这样的称谓，这应该算是一种尊重吧，但是当时并不流行这么叫，于是许国祯多了一个外号：许光禄。

许国祯死后被忽必烈追封了他一长串的头衔：推诚广德协恭翊亮功臣、翰林学士承旨、上柱国，追封蓟国公，甚至还给了谥号为忠宪，足以见得许国祯生前的功绩。

热爱故乡文化的隐士——房祺

　　房祺，自号横汾隐者，元代文学家，临汾人，著有《横汾集》，并编撰《河汾诸老诗集》。

　　房祺生活于金元交替的年代，但是他的事迹在《金史》和《元史》中都没有记载，只有《山西通志》中略有记载。我们可以从零星的记载和《河汾诸老诗集》中得到一些关于他的事迹。

　　房祺曾任河中、大同两府的教授，这个教授和我们现在说的教授几乎是一个意思，就是高等学府的老师。在现代，大学生和教授多得是，未必都是有真才实学的人。而在古代可以当教授的，那可是凤毛麟角。房祺也走过仕途，最终做到了潞州判官，也不是多大的官，再后来就辞官回家专心创作了。

房祺最大的成就就是编撰了《河汾诸老诗集》。房祺做过教授，本身对文化就有深刻的理解和追求，特别是他回家以后发现山西这个地方真的是人才辈出。房祺曾说过："吾乡学者如林。"这个吾乡就是指河汾一带，河汾一带就是汾河流域。

房祺有个朋友曾对房祺说："不观遗山之诗，无以知河汾之学；不观河汾之诗，无以知遗山之大；不观河汾遗山之作，不知唐人诸作者之妙；不观唐人之作，不知《三百篇》六义之深意。"简单解释一下这段话就是说："河汾诸老的诗太好了，不观看的话，唐诗都看不懂。"可惜的是房祺这位好友很早就死了，整理和传承河汾诸老的作品不仅仅是房祺的愿望，也是好友的遗愿。

房祺整理了金元时期河汾一代著名的八位诗人的作品，分别是：麻革、张子、陈赓、陈庾、房皞、段克己、段成己、曹之谦。其中有些人也是本书中的人物，房祺整理了这八位诗人共二百〇一首诗作，著成《河汾诸老诗集》。现在信息如此发达，想要整理平阳人物都很艰难，当时房祺能整理出《河汾诸老诗集》，肯定是非常不容易的。

前面说过这个时期的诗人处在金元之交，这个时代的诗非常有特点，可以反应出当时的社会现状、时代特征和文人的生活状态，从以诗证史、以史证诗的角度来看，其价值不可估量。

中国从古至今总是有很多人在做一些看似枯燥无聊而且还没有任何经济利益的事情，但是他们自己却是做得津津有味。正是因为有很多这样的人，才给我们留下许多无价之宝，正如房祺给我们留下的《河汾诸老诗集》。

忽必烈的又一个重臣——许扆

许扆，又名忽鲁火孙，字君黼，临汾市曲沃人，许国祯的儿子。同样也官拜至光禄大夫。

许家到许扆这一代已经是官四代、医四代了。许扆的曾祖父和祖父都是节度使，许国祯和许扆都是光禄大夫，足见他们家是簪缨氏族了。

许国祯一直辅佐忽必烈，许扆从小就跟着他爸许国祯进出忽必烈的皇宫。由于许扆非常懂礼貌有规矩，忽必烈特别喜欢他，就给他起了个蒙古名字叫忽鲁火孙，这个名字有什么含义我不知道，不过我觉得一点都不好听。

有一次忽鲁火孙不听忽必烈的话，这叫忤逆圣旨，应该是大罪，忽必烈也的确打算惩罚他，可是后来又舍不得，后悔了，估计也不是什么大不了的事。但是话都说出去了，总得找个台阶下啊，找个人背黑锅这种事向来难不倒领导。忽必烈指着帖哥（忽必烈的近侍，后来也是个将军）说："我要给忽鲁火孙治罪，你咋不拦着我呢？今天你们就结为兄弟，以后互相帮助。"于是忽鲁火孙和帖哥就莫名其妙地结为兄弟了。忽必烈又想：要是太子欺负他咋办？于是就又让当时太子的官员东宫臣庆山奴和他们一起喝了结拜酒。

忽必烈如此喜爱一个汉人，这是非常罕见的，不过也不是没有道理，因为许宬的才干非常出众。每次有外国使臣来的时候，忽必烈都派忽鲁火孙去接待，史书记载："忽鲁火孙辞理明辨，莫不倾服。"

许宬和他爸一样是一个内心非常仁厚的人。有一次有人偷了大安阁里供神的钱币，忽必烈要杀了这个人，但是许宬心善啊，就跟忽必烈说："供奉神明是善事，要是为了敬神把人杀了，怕是神也不愿意接受这样的供奉吧。"于是忽必烈就把这个人放了。

关于许宬仁厚，还有一个小故事。许宬和丞相安童关系很好，但是同为丞相的桑哥怎么看安童都不顺眼，屡次告安童的黑状，都没告成。有一次桑哥战败了被挂在门上，忽必烈让忽鲁火孙往桑哥脸上吐痰，忽鲁火孙不愿意。没想到忽必烈还挺开心，觉得忽鲁火孙仁厚，赐了他一条白玉带说："你明洁无瑕，就像这块玉一样，所以把这个赐给你。"

许宬的确是一个非常仁厚的人，和他爸爸许国祯一样，也做过赈济灾民的事。有一次关中闹饥荒，很多大臣都去请求开仓赈灾，都没被批准，只有许宬说："人是国家的根本，像这样人都饿死了，还有国吗？我去开仓放粮，擅自放粮的罪名由我一人承担，不会连累别人的。"于是挽救了无数的关中百姓性命，后来家家户户都供了许宬的画像。

虽然许宬对百姓非常好，但是对自己的生活却缺少安排，没什么家业。忽必烈看不下去了，亲自赐给他房子和土地，怕他将来饿死，还赐他终生享有荣禄大夫、大司徒的工资，可见忽必烈是有多喜欢许衡。

许衡死后也是被封了一大串的头衔：忠守正佐理功臣、光禄大夫、陕西等处行中书省平章政事、柱国，追封赵国公，谥僖简。

让洪洞名满天下——苏三

苏三，原名周玉洁，艺名玉堂春，据说是大同城里人，也有一说是河北省广平府曲周县人。

我们写临汾人物，为什么要写一个河北人呢？因为苏三被卖到了山西临汾洪洞县，因被诬陷关到监狱，至今洪洞的明代监狱还被称为苏三监狱。被抓的苏三还说了一句人尽皆知的名言："洪洞县里没好人。"洪洞因此被广为人知，但在京剧《玉堂春》中，也让我们见证了洪洞好人，押送苏三的狱卒崇公道的善良、公道。洪洞人胸怀还是很宽广的，并没有因此生苏三的气，毕竟公道自在人心，何况因苏三还带动了当地的文旅产业。

苏三这个人本是明代著名小说家冯梦龙所著《警世通言》中《玉

堂春落难逢夫》里的一个人物，但是据很多学者考证，苏三确有其人，冯梦龙其实是改编了一个真实故事。真实的故事什么样？我们都不知道，所以只能介绍一下《警世通言》里的苏三了。

苏三本是一个大同城里大户人家的小姐，因为她爸死得早，家道中落，经历了很多曲折和阴谋之后，她被卖到了京城的一家青楼。青楼的老板兼老鸨子姓苏，她在老鸨子的干女儿里排行第三，所以就叫苏三了。青楼里的女子相当于商品，苏三所在的这家怡春院又是这个行业里比较高端的，为了更好地产生经济效益，又给苏三取了一个艺名叫玉堂春。这个名字取得很好，取自一个词牌。

虽然苏三被卖到了青楼，而且是怡春院的头牌，但是苏三并不甘心做一个青楼女子。作为青楼女子，她想出一个脱离苦海的好办法，青楼每天来来往往的人这么多，要找个好人嫁了。可是总往青楼跑的靠谱之人，少之又少。

苏三所在的青楼是做高端客户的，许多文人墨客都喜欢去那里做学术交流。其中有一个叫王三的就被苏三看上了。王三并不是青楼的常客，只是图个新鲜想来看看而已，他是个知书达礼的读书人，看着就比较老实厚道。然后苏三和王三顺理成章地就产生了深厚的感情。

苏三的计划是让王三把他赎出去，然后俩人过小日子。可是王三公子本是京城大官王琼的三公子，本名王舜卿，家风极严，根本不敢把青楼女子带回去，所以就一直拖着，只能在怡春院和苏三相见。可是怡春院是个高档会所，消费不低，王三把替父讨债讨来的三万两银子都花完了。没钱了就不算客户了，老鸨子就设计把王三轰了出去。

百无一用是书生啊，身上没钱的王三落魄街头，碰见一个在青楼卖瓜子的金哥，金哥是个好人，帮他联系上了苏三，和苏三约在庙里相见。

这苏三要比王三聪明得多，想出一个办法搭救二人。计划分三步：第一步，苏三给王三点钱，让他扮阔再来找苏三，然后皮箱里多放砖头冒充银两。

第二步，苏三多给王三点钱，让他偷偷回家想办法，然后回来赎苏三。

第三步，也是最巧妙的一步，就是俩人已经私定终身，自然苏三不能接客了，但是老鸨子肯定不答应，于是等王三走了，苏三大闹怡春院说老鸨子谋财害命，害死了王三公子，还把他的钱都换成了砖头。这定会引来群众围观，再顺势逼迫老鸨子不再让苏三接客，直到王三来娶她。

可惜计划赶不上变化，先是王三他爸说王三回来就打死他，于是借助家里来赎苏三是不行了。然后老鸨子发现摇钱树没了，肯定不乐意，就又把苏三给卖了。

卖到了哪呢？洪洞县。买她的沈洪有个蛇蝎心肠的老婆皮氏，不但红杏出墙，还打算害死沈洪。于是做了两碗砒霜面，打算顺手把苏三一块儿毒死了事。苏三没心情吃面，沈洪刚娶了二房心情好，一下吃了两碗砒霜面，死了。皮氏想了想觉得也行，主要目标已经达成，顺便诬陷苏三毒死亲夫就行了。

皮氏把苏三送到县衙，又贿赂了县官，非常顺利地把苏三判了死罪。没想到案件报到平阳府，却被卡住了。这是为什么呢？

话说王三听到老爹要打死他，觉得靠家里肯定救不了苏三，还得自己想办法，读书人有什么办法呢？只有考取功名一条路，于是发奋学习，等到苏三入狱的时候，王三已经做了山西巡按。巡按这个官不算很大，却是替天子巡查各级官员，权力不小。王三刚好看到了苏三的案子，于是微服私访查明真相救下了苏三，然后俩人终于过上了幸福的生活。

关于玉堂春的故事在各种改编的作品里有很多的版本，不过我以为还是原作《警世通言》中《玉堂春落难逢夫》里的最好，故事曲折离奇，扣人心弦。苏三一直不向命运低头，靠自己的容貌和智慧终于

189

走出了一条幸福之路。

　　苏三很出名，主要也是因为《玉堂春落难逢夫》被改编成了戏曲、评书、相声等诸多传统表演艺术形式。但是现在听戏的人越来越少了，评书和相声也很少说这个，所以了解整个故事的人并不多。郭德纲说过一段单口相声就是讲她，基本是按照《警世通言》来说的，有兴趣可以去听听。

打虎英雄——韩文

韩文，字贯道，临汾市洪洞人，明代的著名理财专家，曾任户部尚书。

韩文在明朝经济领域的贡献十分出众。他还做过吏部尚书、兵部尚书，看来按专业来区分人并不一定都是正确的，就像不能用好坏来区分人一样。可是完全不重视专业，又会出现外行管理内行的问题。所以我认为这个就要分人，像韩文这样能从事物根本上分析问题的人，才可能在多个领域发挥才能。

我们起名字一般都是有点故事和来历的，韩文的"文"就是如此。因为韩文出生的时候韩文他爸梦见有个穿紫衣服的人抱着北宋有名的政治家文彦博到他们家，所以就给他起名叫韩文了。

韩文是一个非常正直的人，早年他在湖广做右参议的时候，管理太和山的权贵侵吞公款，韩文极力阻止，并用剩下的钱都买了粮食作为赈灾备用粮。按理说应该把权贵抓起来，为什么韩文只能极力阻止呢？因为这个时候韩文惹不起他，在自己能力范围之内做正确的事，或许才是最合理的。

因为韩文为人敦厚正直且能力出众，所以他的仕途还是较为顺利的。在韩文做南京兵部尚书的时候，年景不好，米价飞涨。此时明朝的经济非常发达，已经出现了资本主义萌芽，可是资本主义有个很大的弊端就是唯利是图。年景不好，米价飞涨，任其发展，就会变成资本家囤积大量的米，哄抬物价，发国难财。富裕点的花高价买米，穷一点的就只能饿死。

我们开头就说韩文是著名的理财专家，这个粗浅的经济原理他非常清楚，所以他要求户部给军士们提前发三个月军饷。户部很为难，因为这个不合规矩，怕担责任。韩文说："救灾如救火，出了事我顶着。"这句话很多时候都好使。那时候军饷就是米，这么多的米充斥市场，米价很快就稳定了，一场灾难消于无形。其实平抑米价的方案有很多，但是韩文是兵部尚书，其他的方案他也没这个权利，可以说是"咸吃萝卜淡操心"，干了本来应该是户部干的事。不过韩文的经济能力通过此事也彰显出来，第二年就做了户部尚书。

担任户部尚书没多久就碰上个大难题，明武宗继位，修陵墓、结婚要花不少钱，国库拿不出来。韩文使出浑身解数想了一系列的措施，才把这些事都办了。具体什么措施就不说了，很复杂。举个例子就是一个亿存银行，那就只能是一个亿，但是让这一个亿运转起来可以办十个亿的事，很多企业都是这样来回倒腾的。但是这么做不解决根本问题，国库还是很空虚。为什么呢？因为权贵们太能造了，明朝本身经济发达，如果不是穷奢极欲怎么会国库空虚呢？明朝亡国之前，崇祯要臣子们捐点钱打仗，臣子都抠门得要死，结果闯王攻入京城，权贵们的命都没了，哪还有钱？所以韩文的一些举措得罪了很多权贵，但是国库却充盈了起来。

在明朝，皇帝不用天天上班，大部分的事交给内阁处理，其实这是一个不错的制度。不过问题就出在皇帝和大臣之间还隔着太监。因为皇帝不是天天和大臣在一起，而是天天和太监在一起，所以对太监的依赖就越来越严重。太监的思想自然和大臣是不一样的，其实很好理解，如果一个人没有了繁衍后代的可能性，那么肯定是逍遥一天算一天了。所以太监得到权力以后极尽享乐，武宗时期太监里的佼佼者被称为"八虎"，其中为首的叫刘瑾，天天引诱武宗逐狗跑马、放鹰猎兔、莺歌燕舞、沉迷角抵，不理朝政。

韩文下班以后，每次聊起危害朝政的"八虎"，都忍不住老泪纵横。恨"八虎"的不止韩文一个，就有人向韩文说："光哭有什么用啊？咱弹劾他们吧，我们都支持你。"韩文一听毅然说道："好，我也一把年龄了，死不足惜，不死不足以报国。"于是和一众大臣弹劾"八虎"，在武宗面前诉说"八虎"的危害，吓得武宗吃不下饭。

可是到了晚上，"八虎"围在武宗身边又是一套说辞，武宗耳根子软，又信了"八虎"的，毕竟天天陪他玩的还是太监们。弹劾"八虎"没成功，韩文倒是被刘瑾迫害得一贫如洗。

后来刘瑾的种种恶行终于被武宗发现，最终被凌迟处死。刘瑾死了，武宗才想起来还是韩文说的对啊，于是韩文官复原职。

天才散曲家——常伦

扶摇万里上云霄，重仰中天日月摇。

雕鞍骏马长安道，候朝鸡还报晓，打叠起山野风骚。

报不尽皇王圣，报不尽慈母劳，尽忠孝正当吾曹。

——常伦

常伦，字明卿，号楼居子，临汾市曲沃人，明代大才子。也有一说是沁水人，因为他常年在沁水居住。

常伦其实和李白非常相似，恃才傲物，但是又有一颗为万世开太平的心，所以总是在仕途和自由之间摇摆。

常伦的才能是属于天生的，就是我们常说的天才。据说他五六岁的时候就能诵书赋诗，语出惊人，见者莫不叹赏。常伦小时候不但聪明而且很调皮，我们很多人小时候都有去父母单位写作业的经历，常伦也是，可是没两下就玩去了，常伦的爸爸非常溺爱他，说："这是我的千里马啊，喜欢踢、咬，有什么关系？"

天才和普通人的区别就是，天才几乎不努力，很多事情就可以迎刃而解，而普通人却要付出更多的努力。常伦年少时就因为写得一手好诗已经在士大夫圈里名噪一时，考取个功名也是顺手的事。不过长大做官以后的常伦天性不改，所谓三岁看大七岁看老，人在童年的生活会极大地影响其成年以后的性格，常伦小时候的调皮长大以后变成了豪放不羁、不屑于权贵，经常在宴会上怼人。明代的士大夫有个风气，就是去青楼，常伦作为一个标准的风流才子自然是青楼的常客，经常在那里睡到天亮才慢慢悠悠地起床上班。

常伦的这些行为引起很多当权者的不满，导致常伦的仕途起起伏伏。他既想在政治上有一定作为，又不喜欢规规矩矩的生活，但是他的才华又被士大夫们所认可，常伦就成了一个高不成低不就的官员。再加上常伦生活的时期，正是明朝江河日下、日益腐败之时，这就更让常伦难以在朝中找到属于自己的归宿。

虽然常伦做官不如意，但是这却成就了一个了不起的文学家。我们在面对人生选择的时候，一定要非常果断，不要做自己做不了的事，而要做自己擅长的事，否则就会很郁闷。

常伦擅长的就是文学，尤其是散曲。散曲是区别于元杂剧的一种民间音乐文学，可以理解为不成套的元曲或者草根化的宋词，内容非常鲜活，且题材广泛，简直和常伦的个性一模一样。所以常伦写起散曲来简直是信手拈来，张铨评价常伦是："其为文略不经思，兴到笔随，腕节飞动，嬉笑怒骂，皆可成章。乃今披其遗文而读之，其冲淡玄远，则彭泽之遗韵也，其奔放豪逸，则青莲之高调也，其浑雅整严，则少陵之法律也。又似呕心而出，无不与古人合者，岂所谓天授非人力耶？"

他主要是说："常伦这小曲好到不像人写的。"我随便读了几篇常伦的散曲后发现张铨说的一点都不过分，确实是写得好，大俗大雅，读起来痛快至极。

可惜的是常伦英年早逝，因为常伦和李白一样喜欢喝酒，也是酒后文采更胜，但是酒后驾车非常危险，常伦就是一次酒后骑马不幸掉河里淹死了，终年三十四岁。

常伦一生留下散曲小令一百七十首、套曲九篇，更留下一个看破红尘，游戏人生的才子故事，更有后人为其著《常明卿传》。

贪官污吏的活阎王 —— 李瀚

　　李瀚，字淑渊，号石楼居士，今临汾市翼城县人，后迁居沁水。是明代执法如山的官吏，同时也是藏书家、文学家、出版家。

　　李瀚出身于官宦之家，曾祖李伦、祖父李动、父亲李聪皆为官吏且有贤名。

　　纵观中国历史可以发现，大多的朝代亡国之时，也是律法名存实亡的时候。想要维护法律的尊严就需要严格的执行者，李瀚就是这样一个执法如山的人。

　　大家都知道，明朝的时候阉党目无法纪、作乱朝纲，皇帝经常不上朝，但这个朝代延续了二百七十六年之久。之所以没有被不上朝的皇帝和祸国殃民的阉党毁掉，就是因为有一批忠心为国的官员，李瀚就是其中一位。李瀚本人没有列传，但是在明世宗实录或地方志中可以看到被李瀚革职或是斩首的贪官污吏不计其数。更有李瀚因为执法如山斩了自己的堂弟的记载，讲的是一个太监调戏民女，逼得民女上吊，但是李瀚的堂弟却收了银子包庇太监，在李瀚熊熊燃烧的正义感之下太监被就地正法了，堂弟则带回京城交给皇帝问完了再斩。

我们之前写过对抗八虎太监的韩文，被八虎之首刘瑾扣押的奏折就是由李瀚熬夜处理的，可以说在维护正义和法律上李瀚功不可没。

李瀚另有一项千秋功业就是刻书。李瀚觉得当时的出版业粗制滥造，以次充好，滥竽充数，有很多珍贵的书籍面临失传的危险。所以李瀚一方面花重金收购绝版藏书，另一方面把收集回来的书重新校对编修，然后刻板印刷。这其中有很多绝版的地方文献，还有诗集如《河汾诸老集》等。

地方文献虽然流传并不广，但确实是个好东西，特别有意思。虽然大部分人不会去看，不过只要看过之后就会欲罢不能，里面的内容包罗万象，而且有强烈的亲切感。这项工作是极其花费时间和精力的，不过好在李瀚家底也算不错，加上有众多有识之士的资助，才能坚持下来。

作为官员执法如山是拯救地方百姓于水火的一时功业，作为文士刻书传于后代则是千秋功业。人一生之中总是要扮演很多角色，能把一个角色扮演好已经难能可贵，李瀚不但做了一个好官，更为我们留下了许许多多的文化财富。

忠肝义胆桑夫子——桑拱阳

桑拱阳，字晖升，自号松风道人，今临汾市金殿镇桑湾村人。明代著名教育家。

桑拱阳一生经历了大明由盛到亡。他出生于万历年间，正是明朝非常繁荣稳定的时期，万历也是明朝最长的年号，并出现短暂的万历中兴的局面。

当时明朝国泰民安，太平年代正是文化发展的好时机。桑拱阳从小饱读诗书，七岁进入私塾上学，十五岁就能读《资治通鉴》，二十八岁被保举进入海内第一学府——国子监，之后又考中举人。

考中举人的桑拱阳并没有走上仕途，而是潜心教育事业，曾在多家知名书院讲学，人称桑夫子。我个人感觉为官是一时之功，而教育才是万世之功。桑拱阳没有做官的原因我猜多半是因为当时大明已呈现出衰败的迹象，以魏忠贤为首的阉党把持朝政，迫害正直的大臣，所以做官也没什么意思，不如将星星之火的信念散于这满天下的桃李之中。

桑拱阳一生三立书院于三乡，比如在自己的老家金殿镇桑湾村开办了松风书院，如今这个书院已经不在了，只留下一棵巨大的千年银杏树。

办书院在当时可不是一件简单的事，有生命危险！这还是东林党和阉党的事，东林党之所以叫东林党，就是因为东林党的几个创始人在东林书院讲学，讲到激动处便开始点评时政，控诉对宦官的种种不满，最终形成了一股以知识分子为主的反对阉党的组织。熟悉明史或者看过明朝时代背景电视剧的都知道，那明朝的宦官可是只手遮天，说一不二。

东林党和阉党的斗争基本都是东林党落于下风，斗争处于优势的阉党自然对书院恨之入骨，官宦们肯定是想着：这帮东林党天天都在书院里不知道憋什么坏主意收拾我们呢，必须从根源上铲除他们！于是在明末出现了四次极为恶劣的禁毁书院的活动，冲这个明朝也活该亡国。桑拱阳的松风书院就是在四次毁书院之后开办的，其读书人的铮铮铁骨可见一斑。文化的传承也正应了那句"野火烧不尽，春风吹又生"，中国的璀璨文化是由不知道多少不怕死的读书人一代又一代传下来的。

桑拱阳自然也是平阳府德高望重的楷模，只要桑拱阳说话，十里八乡的百姓都乐意听。金殿镇的龙祠山泉至今也是尧都区的重要水源，更是国家一级水源保护地，当时襄陵和金殿交集的村民因为争抢水源浇地而引发了大规模的械斗，谁劝也不好使。就是这样危险的场面，桑拱阳挺身而出，谁也不敢动手了！这就是桑拱阳的威望，本来谁也不服谁，只要桑拱阳一来，都听桑拱阳的，桑拱阳说什么就是什么。

于是双方握手言欢，一场殴斗消弥于桑拱阳谈吐之间。

开头说桑拱阳一生经历了大明由盛到亡。崇祯十六年，闯王李自成攻破长安，次年便打到了平阳府，听说桑拱阳学识渊博，有胆有识，就去请桑拱阳去辅佐他。但是在桑拱阳的眼中李自成是乱贼，断然不会去辅佐他。李自成求贤若渴，三番五次派人来请桑拱阳，桑拱阳只好将槐米熬成汁涂遍全身，对外谎称患了黄疸病，这才打消了李自成的念头。桑拱阳之后也的确一病不起，直到崇祯上吊，桑拱阳悲愤至极，绝食十天，气绝而亡。

桑拱阳一生育人无数、桃李天下，更是为后世留下了《四书则》《家礼维风》等多部著作，造福无数后人。

建筑学高僧——妙峰

妙峰禅师，临汾人，明代有名的得道高僧，同时也是著名的建筑学家。

妙峰禅师出家前姓续，续是很少见的姓氏，也是姬姓的一个分支，据说是春秋续鞠居之后，这个当然无从考证。

妙峰禅师家境贫寒，七岁的时候父母双亡，孤身一人的妙峰禅师只能靠给乡里放羊为生。到妙峰禅师十二岁的时候，他听说出家当和尚可以管饭，就在附近找了一家寺院剃度出家了。

妙峰禅师因为出身微寒、相貌丑陋、年龄小，所以在寺院里经常受人欺负，别说学法修行了，饭都吃不饱。到十八岁的时候，妙峰禅师拿了一个乞食用的破瓢就浪迹天涯去了。

说得好听是浪迹天涯，不好听就是到处流浪，不过直到现在寺院都有个好传统，就是给游方的僧人和居士提供斋饭，笔者也去吃过，不是太好吃。所以妙峰禅师到处流浪还不至于饿死，而且中国的老百姓也愿意布施和尚。

妙峰禅师就这样一路要饭到了蒲坂，也就是现在的永济。蒲坂有一位善良靠谱且精通佛法的高僧郎公，他一眼就看出妙峰禅师有佛缘，就把已经和乞丐没啥区别的妙峰收入门下。另有一说是和郎公关系很好的山阴王觉得这个乞丐不错，请郎公照料他。这位山阴王是一个住在永济的明朝宗室，朱元璋的后代，名叫朱俊栅。山阴王虽然不是和尚，却对佛法颇有研究，不光在生活上帮助妙峰，还经常在重要的时刻点悟妙峰。比如有一次山西大地震，永济死于地震的人口大概有十分之七，妙峰也被压在倒塌的房子下面，被师傅郎公刨了出来。这时候山阴王就对妙峰说："你已经经历了生死，何不以此为契机，早早地开始修行？"妙峰这时已经二十一岁了，听了此话，便想远游求学。

妙峰之前生活困苦，不是打杂就是要饭，基本上没有什么文化，也没有佛学的基础，于是山阴王便让他到附近中条山上的栖岩寺"闭关"修行。栖岩寺本是北朝高僧昙延的发迹之地，此时已破败不堪，山阴王帮助妙峰修理了几间屋子居住，妙峰便开始了闭关的生活。

妙峰禅师这一闭关就是九年，把心思都放在钻研佛法上。

出关之后妙峰禅师就开始到处云游参访，山阴王亲自为他准备了行李和路费。但是像山阴王这样独具慧眼的人并不多，妙峰禅师云游到南京天界寺的时候又因为穿的破、长的丑不被人待见，给他安排了一个打扫厕所的活。妙峰禅师倒是干得很起劲，把厕所打扫得异常干净。天界寺有一位憨山大师，便是日后著名的明末四大高僧之一，不过这时候他还很年轻，憨山和妙峰可不一样，他出身名师，而且一表人才、风度翩翩。

憨山上厕所的时候就发现厕所特别干净，感觉很奇怪，可是有几天突然又脏了，他就问怎么回事。一打听原来是之前扫厕所的妙峰病了。于是他就去探望妙峰，由此两位大师的人生出现了交集。

后来他们又一次相遇并一起云游修行，其间憨山的父母死了，憨山想要刺舌血书《华严经》报答父母，妙峰也陪他一起。这事感动了明神宗，于是特赐金纸给他们。等到经书大成之时，打算开大会庆祝一下。这本是一个关于佛法的会议，但是憨山听说明神宗没有儿子，所以打算把大会改成给明神宗求子。妙峰觉得憨山太功利了，不是很愿意，可是也没办法，憨山已经把消息都放出去了，也没法改了。这个求子大会召开十个月后，明神宗真的生儿子了。太后抱上了孙子大喜过望，对这几位高僧感激不尽，这对妙峰和憨山的未来都影响很大。不过他两人因为这事似乎闹掰了，以后再没相见。

之后妙峰就回了山西，这时候妙峰也年龄不小了，不知道怎的就突然开了窍，竟然懂了建筑学。

建筑这个东西，我们外行人看，看不出什么门道。新绛县有一个天主教堂，我去了很多次也没看出什么，有一次带设计院的院长去参观，设计院的院长一看就大为赞叹："哎呀，太了不起了！竟然能用中国建筑的传统工艺和材料建造出来一个毫无违和感的西方教堂。"我这才发现那个教堂竟然有瓦当。院长跟我说古代的建筑设计和我们现在不一样，我们现在都是团队作业，有设计外观的，有设计结构的，有负责材料的，古代这些活都是一个人干。

所以妙峰禅师能精通建筑是非常了不起的，他主持设计建造了很多现存至今的大工程，比如五台山的文殊菩萨道场、显通寺无量殿、芦芽山华严寺、宁化万佛洞、黄河二十三孔桥等等。

虽然妙峰禅师没有留下什么著作，但是却以建筑流芳千古。

屡败屡战的文人 —— 李建泰

李建泰，字复余，号括苍，临汾市曲沃人，明末铁骨铮铮的爱国志士，官至吏部右侍郎兼东阁大学士。

明朝末期真的是一个让人非常痛惜的朝代，有着有理想、有抱负的崇祯皇帝，又有诸如袁崇焕这样为国为民且能战善战的大将，但是积重难返、内忧外患，皇帝有想法欠能力。还是说亡就亡了，让人叹息！亡国原因先不说，越是国家危难风雨飘零之际，越能涌现出一批慷慨悲歌的志士，这次就说一说山西临汾曲沃县的李建泰。

李建泰是天启五年的进士，曾任国子祭酒，国子祭酒就是国子监的主管，也就是当时最高等学府的老大。可见李建泰的学问在当时应该是不可小觑了，他也曾多次向崇祯提过很多治国为政的方案都被崇祯赞许。但是真正让李建泰名留史册的却不是因为他的学问，而是在明史上非常出名的建泰出征。

派北大校长或者中科院院长带兵出征这种事匪夷所思吧？但是在明朝就发生了，虽然历史上有很多文能提笔安天下，武能上马定乾坤的文武兼备之大能人，但是李建泰还真不是。李建泰出征是因为袁崇焕被反间计害死之后，明朝实在找不出一个像样的人来。说起来袁崇焕本身也是文官，他俩都是为了救国于危难才以书生之身，身披铠甲上阵杀敌，其实是充满了无奈的。袁崇焕的时候大明尚可一战，李建泰出征的时候就是真的无力回天了。

那为什么李建泰还要出征呢？或许也是明知不可为而为之吧。李建泰和那些醉生梦死的皇亲贵胄不同，非常明白覆巢之下焉有完卵的道理，决定和起义军鱼死网破。

当时的情况是这样的，眼见李自成就要摧枯拉朽地杀到山西了，李建泰非常担心自己在老家的亲属和产业，正巧崇祯上朝的时候说："朕非亡国之君，事事皆亡国之象。祖宗栉风沐雨打天下，一朝失之，何面目见于地下！朕愿督师亲决一战，身死沙场无所恨，但死不瞑目耳！"满朝文武赶紧说："皇上您去了，我们可怎么办啊？不如让我替您去吧。"可是崇祯心知肚明这一帮人都是耍嘴的废物，真要让他们去也是白送性命。只有李建泰说："皇上，我老家就在山西平阳曲沃县，我愿意倾尽家产保卫家乡，不用国家出军费，让臣替皇上出征吧。"

崇祯大喜，赐李建泰尚方宝剑，先斩后奏，便宜行事。因为崇祯其实最发愁的就是没钱，不是大明真的穷，而是满朝文武和皇亲贵胄们都自私自利，各种手段中饱私囊。而国库空虚，崇祯要大家捐点军费出来，大臣们一听捐钱就哭穷说："家里已经穷得揭不开锅了，实在没有钱。"内阁首辅魏藻德带头捐了一百两银子。武英殿大学士陈演回到家里，直接拿一张纸写上此宅出售，挂在大门上。结果李自成功攻入京城之后，起义军经过彻底搜查，总共搜出白银七千多万两。

那些家财万贯的高官和皇亲们要是有李建泰一半的见识，何惧满清入关？更不用怕因为吃不饱饭而起义的难民了。做了一辈子文职的李建泰靠自家的财产凑齐军饷出征了，但是整个军队弥漫着绝望的气息，东阁大学士都派出来打仗了，可见明朝大势已去，兵士们也是今天跑俩明天跑仨。

李建泰刚出师没多久，曲沃就被攻破了。行至河北邢台广宗县的时候，县令竟然一连三日不让李建泰进城，李建泰最终只得指挥大军攻打广宗县城，破城之后斩杀乡绅、鞭笞知县。

军至保定府，守城的同知邵宗元害怕他们是李自成的起义军假扮的，不让李建泰进城，还好城中有人认识李建泰，才避免了又要攻打自家城门的惨剧。李建泰入城不久，保定就被闯王李自成的义军攻破，李建泰权宜投降。

李建泰这个抓了一辈子笔杆的文人，为了忠义，慷慨地走上了屡败屡战的道路，唯一的胜仗就是攻打广宗县城。李建泰最终在顺治六年响应姜瓖的抗清大军时被擒杀。可悲可叹的忠勇之士。

仅次于和珅的巨贪——王亶望

王亶望，字味隬，临汾市尧都区人。清代乾隆年间有能力的大贪官，贪腐程度仅次于和珅。

王亶望出生于一个官宦世家，父亲曾做到江苏巡抚。巡抚这个官职在清代负责一个省的军政，从二品，比现在的省长还要高。按理说他也是个书香门第，也有不少人说王亶望饱读诗书，但是他的发迹之路却像个土包子，靠捐纳买了个县官。历史上很多朝代都有花钱买官的政府行为，就是皇帝缺钱的时候，就卖官换钱。不过乾隆也不算是昏君，这个买官也是有条件的，比如县官就要首先是举人才有资格买，举人本身就具有做县官的资格了。但是举人多得是，县官的空缺却很少，那么谁去当呢？谁花钱谁去。这样自然会混进去很多无才无德之人，寒了很多德才兼备之辈的心。这还不是最可怕的，最可怕的是当官之人有才无德，王亶望就是这种！

王亶望是一个出生于官宦世家的人，自然对官场的一套十分熟悉。他靠着贪污受贿的钱一路行贿上位，做到了甘肃布政使。

王亶望在甘肃做布政使的时候又想出一个敛财的好办法，虚销赈粟。就是向国家谎报甘肃有大旱灾，然后骗取国家的赈灾政策，又以赈灾为名卖官等，为了防止有人举报，他当然是上上下下各级都有好处。当时通信不发达，也没有天气预报，所以乾隆也不知道自己被蒙骗了。

但是人算不如天算，乾隆四十六年，河州回民苏四十三起义，乾隆派甘肃巡抚勒尔谨镇压，屡战屡败。这个勒尔谨是跟着王亶望一起贪污受贿的好伙伴，也是无能之辈。堂堂甘肃巡抚镇压不了一伙"乱贼"，于是乾隆又派出和珅去镇压，可是和珅好久都没赶到河州。乾隆就问怎么回事，和珅上报说："我一到甘肃就下雨，天天下雨，这路上根本没法行军啊。"乾隆对和珅是无比信任的，这一听："什么？甘肃天天下雨？王亶望跟我说那边是旱灾啊。"于是派人彻查此事，其中派的人也包括和珅。王亶望虚销赈粟的事情终于败露被斩，他的家族都被发配。查抄家产换算银两三百万两，后来和珅被抄家时抄出来三百五十五万两。不知道是不是抄王亶望的时候让和珅找到了人生目标，据说和珅还私收了王亶望的小妾。

虽然王亶望干了这么多坏事，但还是颇有政绩，还对四库全书的资料收集出力很多，所以后来乾隆翻阅他的档案时终究是于心不忍，说："让他儿子回来吧，不要绝了他的后人。"

昆曲艺术家——乔复生

乔复生，临汾人，清代著名昆曲旦角。

昆曲为非物质文化遗产，乔复生放现在应该叫昆曲艺术家了，可是当年她的命运是比较凄惨的。因为当时戏子的地位本身就很低，而且很多演员都是被戏班子老板在小时买下，挨打受骂，从小培养，乔复生也差不多。

康熙六年，李渔在科举失败之后成为一个文学家、美学家，他一直想组建一个戏班子。到平阳的时候，他的戏班子已经有一个成员了。这唯一的成员感觉有些孤单，她请求李渔再找一个。刚好在平阳碰到有人卖闺女，李渔本来不太想买，因为这时候的李渔也没什么钱，自然比较小气。当时的太守看到李渔这副因为没钱犹豫不决的样子，就把这个小姑娘买下送给了李渔。

这个小姑娘就是乔复生，当时只有十三岁。李渔不想买她除了小气，也是有别的原因的，因为李渔的戏班子是昆曲班子，昆曲建立在江苏方言的基础之上，一个在山西买的小姑娘别说学唱戏了，想学江苏话都不容易。可是乔复生很快展现出自己的天分，一次李渔和几个朋友研究戏曲，乔复生在后面偷听，被李渔发现却也不以为意，等到晚上问乔复生："听得开心不？"乔复生："开心啊。"李渔又问："能听懂吗？"乔复生说："懂啊。"李渔仔细地问了一遍，发现乔复生是真的懂了，于是他就请了老师专门教她昆曲，老师只教了一个月就下岗了，因为乔复生已经青出于蓝。下岗的老师留下评语，说乔复生是他教昆曲三十年没曾遇到过的天才。一个地地道道的山西人在这么短时间里就学会了江苏话，还练成了昆曲，绝对是天才了。

第二年李渔又在兰州买了王再来，这时候已经不用请老师了，因为乔复生已经超越了一般老师的水平，她就可以教。这两位成了李家戏班的台柱子，有李渔的剧本和乔复生这样百年难遇的天才，李渔的李家戏班风生水起，从达官显贵到平民布衣都喜欢听他们的戏。

有了乔、王两个台柱子的李渔不久就成了富家翁，可惜的是，乔复生和王再来积劳成疾相继病逝，李渔痛哭流涕，并为二人取名乔复生和王再来，希望她们可以再回到人间。可惜人死不能复生，乔复生和王再来都死于十九岁的花季，在戏曲界也算是天妒英才了。

想想我们现在的明星，且行且珍惜吧。

山右第一人——徐昆

徐昆，字后山，号柳崖居士，又被人称为蒲留仙后身。临汾人，清代文学家，教育家。

那一年，有一位云游四方的文士游至济南，游完了趵突泉打算再去杜康泉看看，途中看到了一位翩翩少年坐在篱落间品茶，边上有一名老仆为他递上一支笔，似乎是得到什么妙句正要提笔。

这位翩翩少年就是徐昆，云游的文士是他后来的忘年好友李金枝。当时李金枝看到这样一位不凡的少年就上去和他聊天，说："这里叫济南，可是它在清河的南边，如果说趵突泉是济水的话，趵突泉又不在城北，那泺镇在大清河边上，却叫泺口，这是为什么？"徐昆说："大清河就是原来的济水，后来到趵突改道向北，起名叫泺，又拐到东边和东平、平阴诸山之水合流为大清河，你明白了吗？"李金枝大为惊讶，想不到这个十五六岁的少年竟如此博学。之后他们就成了知己好友。

李金枝的老师是蒲松龄，在李金枝和徐昆相识后，发现徐昆的才学与志趣和老师蒲松龄极为相似，所以他总觉得徐昆怕不是老师蒲松龄的转世吧。"蒲留仙后身"的外号就是李金枝起的。

不过徐昆和蒲松龄最大的区别是徐昆家里比蒲松龄有钱得多，因为徐昆爱读书，家里甚至建了藏书楼，可见家底丰厚。蒲松龄则是经常家里揭不开锅。徐昆少年时便和父亲到了山东，离蒲松龄的故乡不远，在这里认识了很多当地名士，其中不少都是蒲松龄的学生，这对徐昆在文学上的发展应该有不小的影响。

后来徐昆考上了举人，分配到山西阳城做教谕，和蒲松龄一样也是桃李满天下。徐昆被称为"山右第一人"，山就是太行山，太行山的右边就是山西，被称为"山右第一人"的徐昆是非常了不起的。他一生所学极其渊博，而且涉及面很广，教育方面著有《学规八条》《禁约八事》，文化方面又有《易说》《书经考》等，更厉害的是还能写剧本，《雨花台》《碧天霞》都被改编为当时非常流行的戏曲，最令人称道的是一本《柳崖外编》，这也是为什么说徐昆是蒲留仙后身的原因。

因为徐昆不分贵贱喜好交游，他认识的人从达官显贵到三教九流都有，所以收集了很多志怪传奇的故事，徐昆本人也对蒲松龄推崇备至，所以他把这些故事写成了《柳崖外编》，甚至有的出版商直接当成《聊斋志异续》来出版。在清代，人们最爱看的不是四大名著而是《聊斋志异》，因为这种类型的文学非常接地气，或者说比较草根。纪晓岚的《阅微草堂笔记》也是步《聊斋志异》后尘，但最得《聊斋志异》风骨，且在创作上有所创新的当数徐昆的《柳崖外编》。

徐昆一生经历康熙、雍正、乾隆三朝，可谓看尽了人间百态，他看不惯坑苦了读书人的八股取士，也受不了官吏在康乾盛世中腐败不堪，所以写出来的东西深刻至极，又精彩至极，颇有一种置身事外冷眼旁观的感觉，却又有一丝于心不忍、悲天悯人的感叹。

能打赢刺客的文官——董文涣

未失神亭戟，俄空旅舍烟。

经纶书卷外，涕泪酒樽前。

碧草谁埋血，黄图忆拓边。

赍粮方待寇，何事问燕然。

——董文涣

董文涣，字尧章，号研秋，又号研樵，临汾市洪洞人。清代著名诗人、诗律学家，同时也是一个宦海沉浮的官员。

董文涣是非常典型的传统山西人。其家族从耕读传家开始，慢慢地积攒了一些家底，然后开始经商，成了临汾相当突出的盐商，从耕变为商是很多晋商走过的路，但是晋商之所以名满天下，是因为从耕变成商的过程中从来没有放弃读。所以到了董文焕这一代，读的成果终于发生了质变。

董文焕、董文灿、董麟兄弟三人在考场上大显身手，皆入京城，被人誉为"京城三凤"。董家在临汾的风光一时无两，估计董老头睡觉都能乐出声来。

董文焕兄弟三人能被誉为"京城三凤"绝非浪得虚名，尤其是董文焕。董文焕在友人沈秉成的寓斋八咏楼里结识了一帮朝鲜才子，当时朝鲜和清朝来往密切，有专门的驻京朝鲜使节。朝鲜也不好意思让没文化的来大清丢人啊，所以派来的都是青年才俊。董文焕和这些朝鲜使臣还有一些其他的才子们相互欣赏、以文会友，形成了一个以董文焕为核心的京城山右文人圈，据说至今还有董文焕的诗流传在鸭绿江对岸。

董文焕可不仅仅是诗文写得好，还有一身功夫。山西本就是一个尚武的地方，自古以来名将辈出，洪洞通背拳更是一门绝学。董文焕的父亲非常注重对子孙的培养，不让孩子死读书。从周朝开始，想要成为君子，就要学会六种技能：礼、乐、射、御、书、数，是为君子六艺。想来无论是董文焕的老爹还是董文焕自己都非常渴望成为一位君子，所以在读书之外还练就了一身好武艺。

据说董文焕能轻松翻过一丈多高的墙，自备的双剑、大刀、长矛皆为精钢所锻，当世无双。更神奇的是他曾被人行刺，仗着一身好武艺，竟然击败刺客且自身毫发无伤，这履历去当个穿越剧的男二号都够了。

一般来说一个文人是不怎么招刺客的，但是董文焕还是一个耿直的官员，从翰林院庶吉士、授翰林院检讨、国史馆协修官、功臣馆纂修官、武英殿协修官、文渊阁校理、日讲起居注官、武英殿纂修官，一路做到四品道台。随着官职越来越高，他看不惯的人和事就越来多，被他弹劾的人也越来越多，所以才遭到行刺。行刺也是反派特别无奈的举动，因为董文涣这个人是有口皆碑的好官，实在找不出什么污点，只好找人行刺他，更无奈的是刺客还打不过他。

正巧董文涣修撰《文宗实录》大成，本应该在京城官升一级，但是他得罪的人太多了，所以给他升了个道台赶出京城到甘肃当地方长官（相当于省级官员）。虽然董文涣对京官外放非常不满，但是丝毫不影响他在甘肃大有作为。董文涣在甘肃的时候正好赶上回民起义刚结束，维稳安民的重任就落在了董文涣身上。他一方面安抚回民，另一方面锻炼军队把甘肃的形势稳定了下来，然后又大力发展教育，实施了一系列利民安民的政策，把甘肃治理得安定繁荣。与此同时，他的文风也大有改变，在甘肃作为地方官员体察了很多百姓的疾苦之后，董文涣从一个潇洒的京城才子变成了一个忧国忧民的风骨文人。

如果把董文涣的经历写成一本小说，那么主人公是非常复杂、丰满而且传奇的，可叹的是越是才华横溢、品行端正、抱负远大的人，被社会和命运摧残得越多。这本小说注定是个悲剧，但是我不想把悲剧的东西说得太详细，能知道山西曾经有过这样一位文武双全、刚正不阿的人物，让我们心驰神往就好了。

一人堪比一个团队 —— 杨笃

杨笃，字雅利，号巩同，别署琴如，又号秋湄、虬糜道人、吕香真逸，晚号东渎老人，临汾市乡宁县人，光绪版《山西通志》的作者。

杨笃的外号非常多的原因可能是因为杨笃的特点非常多，所以需要很多的外号来总结；也可能是因为杨笃的经历比较复杂，心境的变化比较多，所以就起了很多名字来表达。

杨笃应该是属于心境变化比较多的人，因为他是一个才高八斗、满腹经纶但是却多年考进士不中的人。他祖上四代都是秀才，到他爸那一代终于成了举人，杨笃自然是家学深厚，而且杨笃天资聪颖，小时候考试年年第一名，他本身也热爱各种学问，拜了很多名师，按理说继承祖祖辈辈的愿望考上进士是理所应当的，但是却屡次不中。

我们写到现在发现考不上进士的各种大师级的饱学之士非常之多，也不知道是他们偏科了，还是科举制度有问题，或是维护科举制度的人出了问题，总之考不上进士却名留青史的学者大有人在。

虽然杨笃在考场上屡战屡败，但是却得到了大理寺少卿潘祖荫的赏识，他被推荐给了张之洞、吴大澂等名士，好让他可以进一步的学习。后来又推荐他去直隶西宁的宏州书院担任主讲，同时又主持西宁志局。

志局是负责给地方修志的机构。中国一直有修方志的传统，方志是地方的历史、文化、经济等各个方面的一本汇总，省级的叫通志，县级的叫县志。有志局的地方，会有官方的方志；没有志局的地方，会有一些文人自发地去修方志。所以方志虽然大体上有个统一的形式，但是细节上却有很多不同，品质也良莠不齐，有些地方的方志记载了很多有趣的民间故事，比如某年某月某日村东头李寡妇丢了几只羊，后来又如何破获偷羊的大案也会有记载。

不知道什么原因，西宁之前没有修过志，杨笃要从头开始，这就是很难的了。为什么我们中国可以养得起那么多的史学家？因为中国的历史足够多，足够详细，这又多又详细的历史就是一代一代不停地修史书留下来的。也正是因为如此，杨笃在参考大量其他史书的情况下还是把《西宁志》写出来了，而且被京城的大师们称为名志。

可能是之前没有选对路，也可能是之前的杨笃缺少了一个展示的舞台，开始写方志的杨笃如同开挂一般，先是被蔚州请去修《蔚州志》，之后又连续修了代州、繁峙、五台、长治、长子、屯留、壶关、黎城、泸州等各个地方的方志，皆为当时方志中的佳作。

后来终于山西巡抚曾国荃请奏并得到批准开始修光绪版的《山西通志》，这个工作量就比县志要大多了，所以光是主编就有王轩、杨笃、杨深秀、张于涛。可是编撰《山西通志》的工作刚开始，杨深秀高升调任了，张于涛和王轩病故，只剩了杨笃一个人，杨笃毅然一个人扛起了修《山西通志》的重任，他夜以继日地编纂修改，甚至把手指甲盖都写掉了，他常说："能活多少年是老天爷的事，如果不能在有生之年把《山西通志》修成，使三晋文献断送于我辈，那是最大的罪过。"

终于在他六十岁的时候修完了一百八十四卷的《山西通志》，一百八十四卷的《山西通志》有一百七十二卷是杨笃所写，可以说是以一人之力完成了一个精英团队才能写完的《山西通志》，而杨笃也耗尽他所有的能量，在《山西通志》修成的同年秋于太原过世。

汾城才子——仪克中

会须割据可乘时，娘子军声百代知。

却见两方传马鬣，遥思十郡拜蛾眉。

年深赑屃瘗秋草，夜静笙箫讶古祠。

共说尧天有潜德，阐幽从此赖丰碑。

——仪克中

仪克中，字协一，号墨农，临汾市襄汾县汾城镇人，清代著名书画家。

汾城镇古称太平镇，这个地方也是人杰地灵，出过不少人才，比如这次要讲的仪克中。

据记载，仪克中"少有奇气，读书过目成诵"。虽然我们说仪克中是一个书画家，但是古时候的书画家没有一个不能填词作诗的，仪克中的诗也着实不错，比如文章开头的这一首。

仪克中的父亲仪则厚曾在扬州和广东任盐运使，他非常喜欢书画，与郑板桥和袁枚等当时著名的书画家交往很密切。仪克中从小有这么好的环境熏陶，也非常喜爱书画，和他父亲一样喜欢与文人雅士结交，且擅长画梅花，并以梅花名噪岭南，自称"一生倾倒是梅花"。

仪克中比较有趣的故事是和朝鲜人李尚迪的交往。朝鲜自古以来深受汉文化的影响，虽然现在朝鲜的文字变成了一种火星文一样的拼音文字，但是以前一直是用汉字的。

道光年间，朝鲜诗人李尚迪跟着朝鲜使团第二次来到中国，在一次宴会上认识了仪克中。仪克中不但邀请李尚迪一起喝酒、作诗，而且还邀请李尚迪一起去逛青楼。可能当时的北京外国人并不十分常见，和仪克中关系很好的几个青楼女子都非常喜欢李尚迪，而且每人拿了一个扇面给仪克中，要他去请李尚迪写字，然后好在其他姐妹面前显摆。仪克中只好厚着脸皮去请李尚迪写扇面。可见文人墨客的交往其实和我们一帮发小损友的交往也差不多，只不过相聚在一起的爱好不同。

李尚迪走的时候，仪克中送了他一幅《苔岑雅契图》，而且还广邀当时的名家在上面题诗。这一幅画让李尚迪带回朝鲜去，可以显摆一辈子。李尚迪回到朝鲜以后，深感仪克中深厚的情谊，于是去找朝鲜首相之子申少霞画了一幅《黄叶怀人图》并题诗寄给仪克中，两人互赠诗画的故事被传为一段美谈。李尚迪一生来过中国十二次，后来仪克中考上了举人去了广州，之后就再没有和李尚迪见面，不过两人从此就成了笔友，经常有书信来往。

虽然年轻的时候仪克中看似一个只会吟诗作画、逛青楼的公子哥，但是进入仕途以后，仪克中却是鞠躬尽瘁，他治理水利、修浚灵州渠、开仓赈济贫民，终积劳成疾，卒于四十一岁。

仪克中短短一生留下名画无数，并著有《剑光楼集》和许许多多有趣的故事。

清代廉吏——兰第锡

兰第锡，字庞章，号素亭，临汾市吉县人，清代廉吏，治水有功，著有《永定河志》《治河摘抄》《南河成案》等水利著作。

兰第锡是乾隆十五年（1750）的举人，之后就做了凤台（今山西晋城）教谕，说明兰第锡的才学是很高的。做了六年教育事业的兰第锡成绩很突出，终于成为知县，走上了地方官的道路。在我看来，他是个完美的、全能的地方官。

他在永清县做县令的时候，永清县先是发了水灾，虽然兰第锡最突出的成绩是治水，但是当时还没有开始大力治水，因为饿着肚子干什么都是不靠谱的，故首先是赈灾。他忙前忙后设置粥棚，这一年好不容易把灾民救过来，第二年又闹了蝗灾。

史料记载他率众将蝗灾扑灭，听着感觉不是特靠谱，但是古代真就没有特别靠谱的应对蝗灾的办法，基本上就是靠人力和蝗虫战斗。比较出名的一次是贞观年间闹了蝗灾，唐太宗带着文武百官到田地里视察，顺手抓住几只蝗虫说："你们吃我百姓的粮食，我就吃你们。"虽然这个办法灭蝗作用肯定是微乎其微的，但是"上有所好，下必甚焉"，唐太宗这个坚决的态度肯定激励了各级官员灭蝗的效率。

灾年免不了就生出匪患，蝗灾治理好了，匪患还是很猖獗。兰第锡先是摸清土匪的巢穴，然后挑选精干的士卒对土匪不分昼夜地围剿，土匪都是亡命徒，反抗激烈，兰第锡作为一个书生，竟然身先士卒冲入敌阵。关键时刻一腔热血真能起到关键的作用，他的英勇行为激励得部下热血沸腾，一举拿下了猖獗的土匪。

事分轻重缓急，这些要命的事解决完之后，兰第锡就开始兴办教育、修建学堂、废除苛捐杂税。作为一个县令还有他没做好得吗？所以说他是完美的地方官一点都不为过。

他鞠躬尽瘁、无可挑剔的作为令总督杨廷璋非常看重他，就推荐他去做永定河北岸同知，相当于现在的厅级干部，可是被吏部驳回了。这杨廷璋也是耿直忠良之辈，受不了兰第锡这样的人才被埋没，也不怕得罪吏部，直接把兰第锡推荐到乾隆爷那去了。乾隆毕竟勉强算是个明君，知道杨廷璋不会顶着这么大的压力随便推荐个不靠谱的人来，就特批了这个副省长。

做到永定河北岸同知以后，兰第锡可以调动的资源就更多了。当时永定河经常泛滥，所以他主要的精力都放在治水上，这也是兰第锡最为人称道的地方。因为治水有功，后来他就直接被委任为河道总督。

治水的原理其实从大禹治水开始到现在都没什么变化，虽然现在科技发达了，但是也离不开疏浚的结合。大禹时代的科技都可以做到治水有成，为什么到了晚清还有经常泛滥的河水呢？其实不是天灾而是人祸，治水国家要是拨款的，所以有水灾才有钱拿。在这么重要的岗位上，这些黑心的官吏可以不顾国计民生去敛财，大清的灭亡是一点都不冤。不过也是大清气数未尽，还有兰第锡这样的好官为国为民，他不但没贪污一丝的公款，而且亲赴现场把控工程质量，并且不断改进技术，河水治理不好才怪呢。

可是这样必然触碰了一些人的利益，竟然有人恬不知耻地去诬告他，说他治水不力造成河水泛滥侵蚀良田，应处罚金二十万两。兰第锡毕竟是省部级的高官，而且一向以清廉著称，所以乾隆还是很谨慎的，而且乾隆知道他清廉，怕他交不起罚款，专门派了山西巡抚伯麟调查。调查结果是兰第锡作为一个省部级的高官，家产总共加起来只有一百四十两白银。乾隆非常感动，他知道兰第锡清廉，但是没想到清廉到这个地步，所以不但没有处罚，反而赐了他"清慎"二字。

真是不知道诬告他的人有何颜面苟活于世。

从《训蒙文》到《弟子规》——贾存仁

贾存仁，字木斋，临汾市浮山县佐村人，清代著名教育家，著有《等韵精要》，其中由《训蒙文》修订的《弟子规》闻名宇内。

贾存仁出生在浮山县佐村的一个耕读传家的家庭。"耕读"二字正是中华农耕文明的一个缩影。我们中国有五千年的历史，但是从未离开过"耕读"二字，农耕用来解决生存，有时间了就读读书，研究一下文化，这是多么美好的农耕生活！

中国古代的农村是非常注重文化的，否则也不会有"耕读传家"这四个字留下。在古老的村落都能看见门楣之上挂着诸如"德馨""礼义"等文字的匾额，代表着主人家的人生信条，没点文化底蕴的人都看不懂。那为什么现在挂着的都是发财、富贵之类的呢？不知道从这方面来看，我们的文化是进步了还是倒退了。不过近几年中国传统文化又走进了小学，比如贾老先生的《弟子规》。

《弟子规》的内容并不是什么高深的道理，但是《弟子规》最有成就的地方就是为传承了几千年的儒家思想提出了非常具体的实施方案。孟子曾说："老吾老以及人之老。"但是老吾老到底应该怎么做呢？很多人都很迷茫，我们中国注重孝道几千年，孝已经刻在骨子里，我相信大部分人都是孝顺父母的，但是还是有很多人不孝顺，这是为什么？因为不知道怎么孝顺。《弟子规》相当于手把手地教我们如何孝顺父母，如何为人处事。

其实想要孝顺父母，但是无从下手的人多得是。如果天天在社交媒体上说多么爱自己的父母，但是一回家就和父母吵架，这就需要多看看《弟子规》了。

我们的贾存仁老先生在小时候就是个孝子，母亲卧病在床，他每天悉心照顾，母亲经常吃不下饭，他也不吃饭，这样母亲心疼儿子多少也就吃一点。他不光是对父母孝顺，而且还对兄弟友爱，就像《弟子规》里写的一样：首孝悌，次谨信。泛爱众，而亲仁。有余力，则学文。

我十分怀疑贾存仁是参照自己的行为准则修订的《弟子规》，仔细地想象一下，当年贾存仁看到李毓秀的《训蒙文》之后非常激动，感觉句句都写到心坎里了，这写的不就是我吗？就好像庄子读老子一样，通过文字与不同时代的人产生了共鸣，于是在《训蒙文》的基础上修订了《弟子规》。而且可以看出来贾存仁是非常淡泊名利的，因为《训蒙文》只有一百多句，在贾存仁修订之后变成了三百多句，以现在的标准来看已经算原创了，但是之后出版的《弟子规》仍署名为李毓秀。

现在好多小学甚至幼儿园都开始学习《弟子规》，还有很多企业把《弟子规》作为公司员工的行为规范，可见《弟子规》实用价值之高，更可见这位山西临汾的清代教育家对我们当今社会贡献之大。

感动湖北的临汾人 —— 汤家相

汤家相，字泰瞻，临汾市洪洞县赵城人，清朝顺治时期良吏。

汤家相从小就体弱多病，但是学习很好，考上进士后出任常熟知县。洪洞话和江苏话我都听过，这汤家相不愧是好学生，在笔者听来，这两种方言聊起来，基本就是两门外语，但是汤家相非但很快地融入当地，而且要他走，常熟百姓都不干。

汤家相"洁己爱民，釐剔耗蠹，抚恤凋残，善政具举"。他自己过得十分抠门，对自己的要求也非常严苛，但是对百姓却非常宽容，而且爱替别人操心，是个超级老好人。之前的知县被人诬陷弹劾遭到审查，他竭尽全力为他辩解，甚至得罪巡按御史。

常熟上下没有不念汤家相好的，可是江南亏空了几百万的税款，顺治打算"一刀切",把江南的官员全换了,其中就包括汤家相。常熟百姓舍不得啊,没有对比就没有伤害,江南一直是非常富庶的地方,出的贪官污吏也非常多,好不容易赶上一个爱民如子的好官,可不能让他走。常熟百姓争相纳税,一夜之间就补齐了常熟的税款,江南还是富庶啊!当时满清刚刚入关不久,百姓有很大的抵触情绪,满清的统治也不算稳固,所以税收不齐也是很正常的,这时候最重要的事是稳定民心,所以税收不齐并不是汤家相不好好工作,而是他知道轻重。百姓们舍不得他走,把税交齐了请求他能留任,可是没有被批准。

常熟百姓的努力也不算白费,中央一个官员周之桂听说了这个感人的故事,将此事上奏,汤家相又被任命为湖北南漳知县,又得学一门"外语"。

汤家相上任的湖北南漳有匪患为祸,就是一帮山贼,住在山上,经常下山抢劫。洪洞县自古就不缺能征善战之人,比如三国曹操手下的良将徐晃就是洪洞人。当地有个玩笑的说法是洪洞人很随和,从来不和人吵架,有问题直接动手。体弱多病的汤家相这时候竟然展现出作为将领的天赋,当然不是上阵杀敌,而是运筹帷幄,他分析当前的局面后说:"用罗士信破卢明月的战术就可以剿灭山贼。"然后详细地向城守徐必达、秦之仁安排部署,果然大破山贼,斩杀数百人。山贼本来也没多少人,这基本就是灭光了,从此以后再没有敢扰民的匪患。

解决了安全问题,汤家相就开始搞民生。安排流亡百姓、开垦田地、兴修水利、建设学校,凡是好官能干的他都干了,后来身体实在扛不住了,毕竟体弱多病,所以辞官过起了隐士一般清寡的生活。清寡是说物质上,我相信像汤家相这样的人,其精神生活一定是非常富足的。

去广东打海盗的大宁人 —— 张起云

张起云，字紫授，临汾市大宁县太德村人，泉州名宦，官至南澳总兵。

终于写到了大宁县，大宁县是一个非常好的地方，地处吕梁山的深山之中，不但民风淳朴，而且当地人普遍颜值很高。张起云算是将门虎子，他父亲张自兴也是一位名将，因为平三藩战功卓著，后来升至大同总兵。想来张起云肯定从小就是一个军事爱好者，耳濡目染之后更是欲罢不能。从史料记载来看，张起云是一位非常全面且能力卓绝的将领。

各个行业从古至今的发展大都是越分越细，越分越专业，比如古代的医生什么病都看，但是现在不同的病要去不同的科。军事也是一样，张起云时代要带兵的话，对综合能力的要求更高，带兵光会打仗是不够的，还要赏罚有度、训练有方。张起云就是因为赏罚有度、训练有方，才从标右营游击署烽火门参将升到南澳总兵的，毕竟当时也没什么大的战事，把管理做好就是大功一件了。

前南澳总兵在任的时候，镇军右营巡逻海岸遇到风浪，免不了有船只遇难。按当时的规定，有士兵淹死了要给家属五十两的抚恤金，要是船沉了，士兵奋力求生没死，也要奖励三十两。这笔钱可以说是很多人家的救命钱。前南澳总兵竟然黑了心，把钱私吞了，不但如此，还虚报伤亡人数，贪污更多的钱。

那爱兵如子的张起云能忍吗？直接给举报到雍正那去了。雍正也是一代明君，不但奖励了张起云，还把他作为先进典型，通报到各省。

张起云爱兵不止于此，有些老兵退休以后无依无靠，张起云还把自己的俸禄分给他们，还自己买药分给没钱看病的士卒和流民，防止他们轻生自杀。

清中期是比较太平的，没什么战事，但是有海盗。张起云当总兵的南澳，东临福建沿海，西接广东潮州诸岛，正是海盗频繁出没的地段。这些海盗其实很多都是当地的百姓，再加上流寇和日本浪人组成的。但凡能做个好人，谁想当海盗啊。所以张起云给海盗改过自新的机会，拉拢一些想做回普通老百姓的海盗，然后全力打击那些真正的亡命徒。这样保得沿海一片太平。

可能是因为工作太辛苦了，在他被提拔为广东提督的时候，未曾上任就病死了。死后雍正感念他的功绩，为他修了贤良祠。

NPC 常客——顾炎武

　　顾炎武，原名绛，字忠清，明亡后，因景仰文天祥学生王炎午为人，改名炎武，字宁人，学者尊称为亭林先生。今江苏省昆山市人，清代大儒。晚年迁到临汾市曲沃县。

　　顾炎武的形象经常出现在武侠类游戏和影视作品中，比如当年风靡一时的文曲星游戏《英雄坛说》、金庸的小说《鹿鼎记》。顾炎武明明是一个大儒，为什么会经常和侠客扯在一起呢？

　　因为顾炎武生活在明清交替之际，他是一名大儒的同时又是一名抗清志士，一生都致力于联系众多抗清势力反清复明，所以认识很多江湖豪杰，自然在武侠题材的各种作品里就显得很有知名度了。

　　顾炎武家本是江东望族，可是他被过继给一个早逝的伯伯。过继的时候这个伯伯就已经死了，把顾炎武过继过去，就是为了让这个伯伯有后人，也可以宽慰一下孤苦的继母。这个继母是一个了不起的女人，她十六岁守寡，白天织布晚上读书，一个人把顾炎武拉扯大，还教了他很多关于岳飞、文天祥的忠义之事，这大概也是顾炎武一直坚持反清复明的原因。

顾炎武十四岁就取得诸生资格，十八岁开始考科举，一直考到二十七岁都没考上，像顾炎武这样的大儒竟然考九年没有考上进士，可见明朝亡得一点都不冤。不久满清入关，明变成了南明，龟缩在江南，但是顾炎武一身报国热血并没有冷却，正巧被人推荐入南明弘光小朝廷任兵部司务。

南明其实比明更要醉生梦死，到底是覆灭了，但是顾炎武仍然一腔热忱，为反清复明而奔走。顾炎武潜回昆山，与杨永言、归庄等守城拒敌。数日昆山失守，死难者多达四万，吴其沆战死。顾炎武生母何氏右臂被清兵砍断，两个弟弟被杀，顾炎武本人则因城破之前已往语濂泾（地名）而侥幸得免。

当时很多文人虽然手无缚鸡之力，无法上阵杀敌，但是却采用不配合的举动表达自己的态度。有一个记载在清代名人逸事的小故事，讲当时著名二曲学派的创始人二曲先生李颙，满清入关以后请他出山，他自然是不愿意，后来干脆就称病，关了大门，天天待在家里做了宅男，谁来也不见。可是有一天顾炎武和惠周惕一起来找二曲先生，二曲先生丝毫不见病容，满面桃花，跳起来倒履相迎，拉着顾炎武和惠周惕边吃边喝边聊，把门外的人都看傻了。人称他们这样的聚会有魏晋之风流，其实他们是在密谋反清复明。

顾炎武虽然为了反清复明鞠躬尽瘁，但是学问并没有放下，一生著作极多，光是现在可以考证的就有 50 多部，如《日知录》《天下郡国利病书》《肇域志》《音学五书》《韵补正》《古音表》《诗本音》《唐韵正》《音论》《金石文字记》《亭林诗文集》等。留有各体诗作四百二十一首，所学不但精深而且广博，是清学的开山祖师，与黄宗羲、王夫之并称为明末清初"三大儒"。

到了晚年，顾炎武或许真的对反清复明的事业感到心寒，或者又因为康熙把国家治理得不错，总之他游荡到山西临汾曲沃县东韩村宜园，感觉这里非常养人，就留在了这里。他在曲沃县东韩村宜园写出了大量的著作，还开班讲学，为曲沃培养出大量的人才。

芒果干的发明者——吕犹龙

吕犹龙，字尔霖，临汾市曲沃人，清朝廉洁爱民的巡抚。

吕犹龙是汉人，也是正红旗的旗人，并不是只有满人是旗人，八旗分满八旗、蒙八旗、汉八旗，大多是努尔哈赤、皇太极时期立下战功的人被编入八旗。吕犹龙就是汉八旗的旗人。

年少的吕犹龙是国子监的监生，就是国家最高学府的学生。康熙三十一年（1692）的时候让吕犹龙去平湖做了知县，平湖是浙江嘉兴一个美丽的江南小城。吕犹龙在平湖有很多善举，民望极高。具体做了什么在当地有很多传说，实在太多了，不能一一细说，但是有两件事可以说明吕犹龙是一位多么好的知县。

吕犹龙在任的第二年，家中亲人病故，回家奔丧。他前脚刚走，后脚县衙客房就被盗了。当年也没高铁、飞机，这吕犹龙从浙江跑到山西再回来，光路上就不知道要多少天，根本不可能及时回来处理。这样一来就算不按个携带贼款潜逃的罪名，也得背个监守不力的黑锅。

但是平湖的民众不干！

平湖的民众请求立刻把所有的账本查封，然后请当地德高望重的人在庙堂里一本一本地查账，必须要还吕犹龙一个清白。经过彻查，果然和吕犹龙没有任何关系。

还有一个是吕公桥。当时平湖的交通不便，离上海非常近，但是却要过一条河，于是吕犹龙就主持修建了一座桥。当时这桥可不叫吕公桥，后来平湖的人外出经商、求学都要走这座桥，时时刻刻感念吕犹龙，所以就叫吕公桥。现在吕公桥已经是东湖景区的一个标志性景点了。

康熙是个明君，不会忽视这么好的官员的，于是很快把吕犹龙升到了福建巡抚。不巧又赶上台湾不太平，有个叫朱一贵的自称"中兴王"，攻城略地，福建全省为之震撼。台湾守备不得已找吕犹龙求援，当时负责军事的是福建总督满保，于是由满保督战，吕犹龙调度军需粮饷，一个多月就平息叛乱。康熙帝大悦，又把吕犹龙调回浙江做巡抚，可惜的是吕犹龙刚上任不久便因病去世了。

还有一件趣事。吕犹龙和满保虽然在大义上配合无间，但其实俩人并不对付，经常变着法讨好康熙，挤兑对方。福建盛产芒果，他们就抢着给康熙送芒果。因为当时交通不便，所以俩人在芒果的保存技术上争奇斗艳，誓要在给康熙送芒果这事上一较高下，搞得康熙帝不胜其烦。我怀疑现在的各种芒果干之类的零食都是他俩发明的。

超级晋商——亢时鼎

尽管吃啊！就是三年不下雨也够大家吃的！

亢时鼎，也有记载是亢嗣鼎，明末清初临汾东关的巨贾富商，人称"亢百万"。

因为商人一般是不会被记入史书的，所以很多关于亢时鼎的故事都是民间传说，五花八门，收集起来可以拍一部五十集的电视连续剧。所以我们尽量筛选出来靠谱的部分。

亢百万祖籍山东，其先辈在万历年间逃荒到了临汾，所以说他是土生土长的临汾人也完全没有问题。据说亢家发家是因为他父亲在买地建房的时候刨出来几瓮银钱，以此作为基础发家致富。关于亢家发家，民间有很多版本，甚至有说是他发现了李自成的宝藏，这种编剧的能力直逼金庸大侠的《雪山飞狐》了。我认为亢百万能做到富甲天下，绝对是有非常优秀的经商本领，而不是靠中彩票就能做到的。

要说亢百万富到什么程度？据说比乔家大院、王家大院等山西的几个出名的大院家里加起来还要多。亢家具体如何起家我们不得而知，但是发家靠的是盐，且这个生意一直做到江苏。扬州现存一处"亢园"，在城西北角虹桥小秦淮河附近，有记载说："长里许……临河造屋一百间，世人呼之为百间屋。"

亢百万在扬州都有如此产业，在临汾更是买下了半个东关。关于亢百万真实的经营之道没有任何记载，晋商既然有汇通天下的本领，在理财方面自然有独到之处。倒是有一个关于亢百万有钱的传说很有意思。据说有人在亢百万的地盘开了一家当铺，亢百万自然不乐意，于是自这家当铺开业起，每天都有人拿着一尊金罗汉去当，足金足两当银一千两，第二天这人又去当金罗汉，一连去了九十九天，当铺老板终于要支撑不住了，到第一百天当铺老板就问："您还打算当多少金罗汉啊？"那人说："我是帮别人当的，当完这个还有四百个。"当铺老板知道这是得罪人，影响别人生意了，于是赶紧关门大吉。

很多人说这个是炫富，打压别人，其实作为商人，商场如战场，哪个成功的企业没打压过同行呢？只不过实力雄厚之后手段就变得简单直接罢了。

如果只是有钱，那么亢百万还不足以被人传颂，之所以有那么多关于亢百万的故事流传，是因为他为富且仁。康熙年间山西大旱，无数的灾民涌入临汾，亢百万带头设立粥棚赈济灾民，因为灾情严重，所以人心惶惶，亢百万便放话："上有老苍天，下有亢百万，三年不下雨，陈粮有万石。"意思是："你们放心吧，有我在，大伙们绝对饿不死，不用担心。"康熙二十年（1681），国库空虚，向全国二十二省增派捐款，亢百万更是奏请将所派捐银全部承担。

如此巨富在临汾竟然没有留下诸如乔家大院之类的痕迹，那是因为后来有一场大火将亢家在临汾的房产烧为平地，反倒是扬州还能看到亢百万的亢园。

　　还有一个有意思的事。有一次和朋友聊地震，中国历史上最严重的地震就有好几次在临汾，特别是康熙年间的一次，朋友说："当时有好多的苏州商人援助临汾，一直想不通为什么。"我说："因为苏州商人的老大是亢时鼎啊，老大家乡闹灾了，他们不表示表示吗？"

　　足见亢时鼎当时在商界的影响力，有钱的人从古至今都不缺，但是有钱之后能想着为别人付出一些的，却是难能可贵。

治理台湾的临汾人 —— 张嗣昌

我要把祖国的台湾治理好！

　　张嗣昌，临汾市浮山人，雍正年间任福建分巡台湾道，负责台湾的官民整体事务，政绩斐然。

　　张嗣昌在山西甚至在临汾都不怎么出名，甚至在本地县志中都未曾记载，但他在台湾却声名赫赫。

　　看过《鹿鼎记》就能知道，康熙时期就由水师提督施琅收复了台湾，但是台湾的治理和开发却是从雍正开始，当时的台湾属于福建省，是福建九府二州中的一府。

　　和现在的台湾不一样，当时的台湾岛上主要生活着的是台湾岛的原住民，从大航海时代开始又先后被荷兰和西班牙殖民，文化和经济都没发展起来。那时候说台湾穷都太温柔了，实际上属于蛮荒之地，即便如此当时还是有好大喜功、贪污腐败的官吏，搞得台湾民不聊生，最终发生了著名的"大甲西社番乱"。简单说就是原住民受不了腐败的清朝官员于是就揭竿起义了，闹得声势非凡，足足打了一年。当然，之后还是被剿灭了。

张嗣昌就是在这之后走马上任的，这要是搁一般人手里，都觉得是个烂摊子，但是总有一些人肩负着化腐朽为神奇的使命。张嗣昌信心百倍跑到了一片荒芜的台湾，何止荒芜，一年的战乱导致劳动力都大为减少。

不过不用担心，汉文化最不怕的就是埋头发展。只要有一个安定的环境，几年光景就能发展出一个繁荣盛世来。

张嗣昌要做的就是把汉文化这套埋头发展的经验传授给当地人。毕竟刚刚打完仗，首要任务就是安抚百姓，让遭受战乱的百姓先把饭吃上。其次就是整治腐败，饭都吃不起的时候还欺压百姓就是逼着百姓造反呗。然后还有申请减免赋税、发展教育、增加台湾的科举名额等等。

关于张嗣昌在台湾实行的各种措施实在太多，就不一一列举了，但是通过当地记载和他给雍正的奏折可以看出来，张嗣昌真是一个面面俱到的人，能想到的全替台湾人民想到了。其中有两个比较有意思的措施能体现其做工作做到了如何细致，一是台湾当地有高额彩礼的陋习，张嗣昌代表政府出台政令，严令禁止高额彩礼，一经发现，直接拘留。二是张嗣昌用老百姓也能听懂的俗语编了一套劝番短歌发到每家每户去，就和现在居委会时不时发一下普法传单一样，可以说是相当用心了。

张嗣昌在任三年，生生把一个刚刚经历战乱、教育水平低下、土地荒芜、青壮年劳动力缺失、吏治混乱的台湾发展得井井有条了。当时的台湾总兵给雍正上书说："前往北路上淡水一带巡查，民番乐业，地方宁静……"

足以见得，让人一看就望而却步的烂摊子在张嗣昌励精图治之下变成了另一番天地，现在的台湾被称为宝岛，不可谓没有临汾浮山张嗣昌的功劳。

张嗣昌促进了台湾的发展，他还把在台湾的所见所闻写成了一本书叫《巡台录》，如此高强度的工作之余还能写一本书出来，让人敬佩。

《巡台录》对台湾的历史研究有重大价值，因为原住民并无台湾历史的资料留存，《巡台录》已在 2005 年由香港出版，现在的我们还能知道雍正年间台湾什么样，看着古书遥想阿里山的姑娘，岂不美哉？

后　记

因为生活琐事，这本书断断续续写了好几年。非常开心的是，这几年，我们的国家日益强大、各民族愈发团结，国民的民族自豪感愈加浓郁。

几年前我还能听到譬如美国什么都好、日本什么都好的言论，见到但凡有点钱的，恨不得把全部家当都换成国外品牌的人。更可怕的是国外文化的入侵，其实文化入侵并不可怕，可怕的是对自身文化的不认同。

转眼几年间，可以特别明显地看到年轻人追求的时尚变成了国潮，虽然有不少滥竽充数的品牌，但是观念的改变显而易见。汉服销量年年增长，国学教育遍地开花，小米、华为等国产品牌成了人们追捧的对象。其实很多说中国这个不如外国、那个不如外国的，换个思路去解读，就是他们觉得中国应该样样都是世界第一才痛快。

这可能就是刻在中国人血脉里的大国情怀。中国只要不是第一就浑身难受，于是就涌现出一批把中国各行业拉到天花板的人。你说中国电影不行，给你拍个《战狼》《哪吒之魔童降世》；你说中国科幻不行，给你写个《三体》；你说中国动漫不行，给你画个《一人之下》，例子太多就不列举了。

中国的民族自豪感终于在我们的努力下变得前所未有的强大。我们都是打心里热爱故乡的，只是很多人没意识到而已。

临汾作为一个屹立了数千年的文化古城，现在也面临着同样的问题，繁荣了几千年的临汾，现在不算特别发达。许多人似乎丧失了身为临汾人的自豪感，甚至不屑于了解我们的故乡。我想是时候出现那么一批人了，他们会告诉世界：临汾有深厚的文化，临汾有诚信的晋商，临汾有太多不该被埋没的……

我能做的就是为他们提供一份土壤，这份土壤就是以我的微薄之力整理出一些临汾历史上那些如群星闪耀一般的人物，里面有帝王将相、文人骚客，也有名师工匠。他们可以作为一座座灯塔，为后人指明方向，也有少量的恶人让我们引以为戒。最重要的就是以他们作为土壤，吸收他们所留下的养分可以成就临汾的未来。

同时也希望我们不要忘记他们，让我们每个临汾人成为临汾文化的传播者。当我们和别人聊起自己的家乡时，我们将他们的故事变成真正的"临汾精神"。当我们向别人谈论起临汾时，若我们说，临汾四线城市什么也不是，临汾在别人眼里便一无是处；若我们说，临汾是帝尧古都，是卫青故里，有姑射山美景，有黄河壶口瀑布，临汾便令人神往。

说得这么天花乱坠，还是有不少遗憾的，很多很好的人因为留下的资料太少，所以没能写成，比如临汾好县令邢云路。还有一些是因为重复性太高，光是晋国的君主、大夫就能写几本书了。临汾值得我们宣扬的人物绝对要比我写的多得多，为了避免过于啰唆，只好忍痛割爱。大部分人物都是选他人生中最精彩的篇章来写，目的是抛砖引玉，吸引更多志同道合之士深挖临汾的文化。

在此声明本书所记人物全部出自《二十五史》《竹书纪年》《资治通鉴》《临汾市志》、清《临汾县志》《三教同原录》。

谨以此书献给我热爱的故土——临汾。